児童青年の発達と「性」の問題への理解と支援

自分らしく生きるために
包括的支援モデルによる性教育の実践

［監修］
小野善郎
［編著］
和歌山大学教育学部附属特別支援学校
性教育ワーキンググループ
（代表 藤田絵理子）

福村出版

|JCOPY| 〈出版者著作権管理機構　委託出版物〉
本書の無断複写は著作権法上での例外を除き禁じられています。複写される場合は、そのつど事前に、出版者著作権管理機構（電話 03-5244-5088、FAX 03-5244-5089、e-mail: info@jcopy.or.jp）の許諾を得てください。

刊行にあたって

　性教育が学校教育のテーマになってすでに久しく、今日ではすっかり市民権を得ているように見えますが、性をめぐる社会文化的な変化にともなって性教育の実践は大きな影響を受け、つねに新たな課題に直面しつづけています。にもかかわらず、学校における性教育に対する考え方や態度の違いから、多くは依然として必要最小限の実践にとどまり、期待される役割を果たすまでには至っていません。そんな現状にもどかしさや危機感をいだく教育関係者たちの学校教育の枠組みを越えた活動が、本書の刊行の出発点になりました。

　この半世紀の間に性の概念は、生物学的・生理的な「性」から社会的な「ジェンダー」へと広がり、さらには人権としての「自分そのもの」へと大きく変わってきました。つまり、生物学的・生理的な機能の一部から、一人の人間としての尊厳の根幹になり、個人のウェルビーイングのもっとも基本的な要素として理解されるようになりました。今や、性教育は「正しい性」を教えるだけのものではなく、自分らしく生きることを保障するための、とても重要な役割が求められています。その意味で、性教育は人権教育の一部といえます。

　性はもともと個人のもっとも基本的な構成要素でありながら、きわめて内面的でプライベートなものであることから、教育にかぎらず公の場で取り上げることがはばかられる傾向があり、そのことで劣等感や偏見が助長されたり、性被害が過小評価されたりすることも少なくありません。もし、性が「男性」か「女性」かの単なる二分法であれば、これほど個人の秘めごとにはならなかったかもしれません。しかし、実際には性はきわめて多様性が大きく、他者との違いに悩んだり不安に苛まれたり、さらには不当な差別を受けたり、社会から排除されたりすることさえあります。多様性を承認する社会の実現においても性教育の役割は大きくなってきています。

　また、性は他者とのつながり、とりわけ親密な関係を築く引力のような役割もあり、生物学的にはそれが生殖の原動力になります。それがポジティブに働けば幸せなパートナーシップにつながりますが、反対にお互いの相性が合わずに対立したり、一方的に作用すれば苦痛が生じるだけにとどまらず、深刻なトラブルになったり深く傷つくこともあります。性被害の影響は思いのほか大きく、それは長期にわたり生活に重大な支障をきたすことが知られています。被害から身を守ることだけでなく、自らが加害者にならないようにすることも、性教育の課題に含まれてきます。

　性教育という表現には、「教育」という言葉から学校で教えるものというイメージが連想され、必然的に学校教育の中での扱いに議論が集中するのはやむを得ないかもしれませ

ん。しかし、現在の性教育に求められていることは学校の授業で教えられることだけにとどまらず、家庭や地域での生活や活動、対人関係にまで、その範囲はますます広がりつつあります。それは特定の教科に収まるものではなく、さらには学校教育だけで担いきれるものではないので、狭い意味での「教育」に囚われず、発達段階に応じてあらゆる機会を活かした教育実践が求められます。

　実践家の視点で子どもたちに必要な性教育を追求していけば、必然的に子どもに関わる多機関を巻き込む、地域の一大プロジェクトになります。それはけっして性教育の拡大解釈、あるいは広義の性教育というものではなく、それこそがいま求められている性教育なのです。

　そうはいっても、性教育をめぐって学校教育と地域の関係機関が緊密な連携・協力をとることは一朝一夕にできることではありません。幸いにも、和歌山では和歌山大学教育学部附属特別支援学校で始まった研究活動に、多くの関係者が参加・協力することで、結果的に支援ネットワークが形成され、それが機能することで、地域包括的な性教育モデルを模索してきました。その中で、さまざまな立場や専門性の支援者たちが、一貫した支援を行っていくことができるような教科書があればということで、本書を刊行することになりました。教育関係者だけでなく、保護者も含め、子どもに関わるすべての人たちに、性教育についての共通の教科書として活用していただければと思います。

　あれもこれもと考えていった結果、とても欲張りな企画になってしまったかもしれませんが、それぞれの現場で子どもたちと向き合ってきた教育者・支援者による、とても実践的な教科書ができあがったと思います。紙幅の都合で一つひとつのテーマを深く掘り下げることはできていませんが、特定の専門分野にとどまらず、地域の支援者が互いの実践を理解し、基本的な知識とスキルを共有することで、効果的な連携が生まれることが期待されます。

　本書は、社会資源の乏しい地方の小さな町での地域包括的な性教育モデルの一例にすぎませんが、日本各地の性教育の実践に少しでも参考になれば、執筆者一同の大きな喜びです。まだまだ不十分なところもありますが、ここを新たな起点として、多くの方々からのご意見をいただきながら、さらに発展させていくことができればと思います。

令和元年7月吉日

監修者　小野善郎

もくじ

刊行にあたって　3

序論　よりよく生きるための性教育を目指して　9

第1部　教育分野——和歌山大学教育学部附属学校での「性」に関する教育の実践——　21

1章　附属小学校における取り組み　22

1−1　さまざまな人と学び合う中でのLGBTの理解　23
1−2　体験的な活動を通して養う子どもたちの生命尊重の態度　25
1−3　学童期における性教育・性に関する指導　27
1−4　「家庭科」に見る性教育　29
1−5　SNSにおける性の危険性　31
ミニ総括①　34

2章　附属中学校における取り組み　35

2−1　中学1年生の保健分野におけるICTを用いた性教育　36
2−2　中学校卒業時に伝えたい「ライフプランの中の性」　38
ミニ総括②　42

3章　附属特別支援学校高等部における取り組み　43

3−1　知的障害のある生徒の性に関する個別指導の実践　44
3−2　性について語り合える関係性の構築　46
ミニ総括③　48

4章　大学教員による性に関わる提言　49

4−1　高等教育機関における包括的性教育　50
4−2　エリクソンの自我発達論から見た「青年期」の課題　52
4−3　知的障害の生徒・保護者に対する性教育について　54

4-4　大学でジェンダー論を学ぶ意義　56
　　4-5　和歌山大学ソーシャル・インクルージョン研究ユニットの活動から　58
　　4-6　性的マイノリティの学生に寄り添い学んだこと　60
　　4-7　性的被害を経験した子どもや女性へのケア　62
　　4-8　精神的な健康と「性」——精神疾患をもつ人々と出会いから——　65
　　4-9　身体および性の受容と心理的ケア　67
　　ミニ総括④　69

第2部　発達段階に応じた性教育の必要性 …………………………… 71

5章　MINE（マイン）期 ……………………………………………… 72
　　5-1　命の大切さに注目した性教育の取り組み　73
　　5-2　人権としての性教育　75
　　5-3　発達段階を見通した乳幼児期における性教育の可能性　77
　　5-4　発達につまずきのある子どもの子育てにおける性教育　80
　　5-5　児童心理治療施設における性的問題の理解とアプローチ　82
　　5-6　児童養護施設における性教育の実践　84
　　5-7　性役割が未分化な子どもの性被害・加害の予防について　86
　　ミニ総括⑤　88

6章　疾風怒濤期 ……………………………………………………… 89
　　6-1　発達につまずきのある子どもへの家庭における性教育　90
　　6-2　児童自立支援施設における性加害児童への支援　92
　　6-3　第二次性徴にともなう心身の変化　94
　　6-4　児童相談所における性加害行動を行った子どもへの支援　96
　　6-5　性加害行動への認知行動療法を基盤とした治療的介入　98
　　6-6　性加害の再犯を予防するために必要な対処スキル　100
　　ミニ総括⑥　101

7章　多様な青年期 …………………………………………………… 102
　　7-1　高校で性教育を学ぶことの意味　103

7-2　ひきこもり・不登校傾向の若者への性教育　107

7-3　青年期の発達課題に関連した性的行動の特徴と支援　109

7-4　地域相談支援事業所での性を含んだ男女交際の支援　111

7-5　性的マイノリティ当事者の活動とメッセージ　114

7-6　すべてのセクシュアリティが安心できる場所を目指して　119

7-7　ヘルスプロモーションとしての性教育　121

7-8　性に関する認知の歪み・感情コントロールの支援　124

7-9　性被害にあったとき──弁護士の視点から──　126

7-10　予期せぬ妊娠・出産を減らすために　129

7-11　性感染症に関連した最近の動向　131

7-12　性加害者支援の注意点　133

7-13　愛着障害と性に関わる行動の問題　135

ミニ総括⑦　137

第3部　支援実践事例　139

事例-1　MINE期①　乳房へのタッチングがある男児　140

事例-2　MINE期②　性器いじりがある男児　141

事例-3　MINE期③　母親のパートナーから性的被害を受けた女児　142

事例-4　MINE期④　年少児童に性的加害を行った男児　143

事例-5　MINE期⑤　下着盗を繰り返した発達障害男児　144

事例-6　疾風怒濤期①　異性との交際にあこがれSNS返信要求にこだわる男子　145

事例-7　疾風怒濤期②　居宅侵入で女児下着を大量に盗みつづけた男子　146

事例-8　多様な青年期①　SNS上の性的メッセージへの危機認識が少ない女子　147

事例-9　多様な青年期②　女性への恐怖感・嫌悪感が強い男子　148

事例-10　多様な青年期③　妊娠に気づかなかった女性　149

事例-11　多様な青年期④　性感染症が発見された妊婦の出産　150

事例-12　架空ケース検討①　疾風怒濤期　151

事例-13　架空ケース検討②　多様な青年期　153

コラム①　七生養護学校事件とその後の性教育の動向　17
コラム②　青少年健全育成条例の改正について　33
コラム③　中学生を取り巻くサブカルチャーにおける性に対する私見　40
コラム④　身体接触とコミュニケーション　41
コラム⑤　一人で悩まないで──わかやま mine（マイン）の活動から──　64
コラム⑥　自分の身体に慣れるための体験的な学び　79
コラム⑦　デート DV と高校生向けの啓発活動　105
コラム⑧　デート DV 防止の講座をはじめとしたさまざまな講演や相談支援　106
コラム⑨　女性相談所の取り組み　113
コラム⑩　住みよい街と、住民参加の街──性的マイノリティの視点から──　118
コラム⑪　公衆衛生の立場から　123
コラム⑫　性被害防止のための警察の取り組み　128

付録　ジェントレカード　…………………………………………………………155

あとがき　163

序論　よりよく生きるための性教育を目指して

和歌山大学教育学部　藤田絵理子

1．わが国の性教育の歴史

　日本の性教育の歴史のターニングポイントとして、平成15年の東京都立七生養護学校（現在の七生特別支援学校）での性教育に対する政治家の批判や介入を契機に（コラム①参照、17頁）、学校現場での性教育の委縮が起きていることは否めません。とくに、学習指導要領に書かれていない言葉や内容を教えることに不安を覚える教師が少なくありません。しかし、七生養護学校の性教育をめぐる裁判で、東京高裁が「指導要領は一言一句、法的な拘束力があるとはいえず、具体的な教育内容は教育を実践する者の広い裁量に委ねられている」と示していることも事実です。このことから指導要領は大綱的な基準であり、性教育の実践においては教育現場における創意工夫の裁量が許容されていると理解できますが、葛藤を抱えたまま、日本では性教育が積極的に推進されているとは言い難いのが現状です。

　反面、日本ではセクシュアリティをめぐる社会的状況は大きく変化してきました。「LGBT」という性的少数者の総称の一つが広く使われ、バラエティ番組でも性的マイノリティを面白おかしく取り上げることに批判が起きたりするなど、メディアでの性的マイノリティの表現は変化を見せはじめています。また平成27年、東京都渋谷区や世田谷区をはじめ、同性パートナーシップ制度を行う地方自治体が日本中に広がりつつあります。加えて、政府や企業がダイバーシティ（多様性）を唱えるなど、教育の世界に先んじて社会が多様性に価値を見出す方向へ変化してきました。

　文部科学省が平成28年に「性同一性障害や性的指向・性自認に係る、児童生徒に対するきめ細かな対応等の実施について（教職員向け）」という資料を作成・配布し、「性の多様性」に関する教職員研修や授業実践も行われつつあります。また、平成29年度の高校教科書では、地理歴史・公民・家庭で性的マイノリティや家族の多様性についての記述が見られます。令和元年度から使用される中学校道徳の教科書でもLGBTが取り上げられています。性に関する課題は、性的少数者に関することのみではありませんが、義務教育段階において性の多様性を学ぶ機会が設けられたことは、マイノリティや自分とは異質な者への差別や偏見の解消に向けた大きな一歩といえるでしょう。

　性教育全般に関しては、全国各地で自分自身の生き方を構成する重要な要素として性の問題を考える新しい性教育のあり方を模索する動きが見られます。このことは基本的人権の尊重という日本国憲法の根本的な原理に立脚する性教育、つまり性を人権としてとらえ、自らの生き方を選択していけるようにする性教育を考えていくことを意味するもので、諸外国（EU圏、台湾、韓国、中国）でも学校での性教育の法的・制度的基盤の前進

に大きく影響を与えています。2009年にユネスコなどが提唱した「性教育国際指針（ガイダンス）」により「包括的性教育」と呼ばれ、方向性が明確にされました。こうした流れを受け、日本でも田代（2014）が国際的な動向を踏まえたうえで、日本における包括的性教育のあり方を提案しています。今後、国際的な標準に合わせた「包括的性教育」の実践が求められます。

加えて昨今、国連が国際社会の目標として掲げるSDGs（持続可能な開発目標・誰一人取り残さない多様性と包摂性のある社会の実現）という言葉をよく耳にするようになりました。その要素である17のゴールのうち5番目の目標は「ジェンダー」です。具体的には「ジェンダー平等を達成し、すべての女性及び女児の能力強化を行なう」となっています。平成31年1月、外務省は日本でのSDGsを推進するための8分野のうちの⑦平和と安全・安心社会の実現の項目に「子どもの安全（性被害、虐待……人権問題への対応、女性に対する暴力根絶など）」を明記しています。

それに関連して、日本国内での性に関連する課題意識が高まる中、平成29年度に厚生労働省が児童養護施設内における子ども同士の性被害に関する初めての実態調査が行い、732件の被害を報告しました。また、白井（2018）による児童養護施設における性的マイノリティ（LGBT）児童の対応に関する調査も行われ、配慮の必要な子どもたちへの理解、知識の必要性、関わり方について検討がなされはじめています。一方で、近親者からの性被害に関するニュース、裁判などの報道も後を絶ちません。声を上げにくい問題でありながら、被害の影響力は一生涯にわたる深刻なものとなり得ます。

このような現状を考えるとき、「性に関する指導や支援」は、それを必要としている子どもたち（加害者、被害者双方への教育の必要性）と、それを家庭や専門的な立場（教育・福祉・医療など）で支える親や大人にとって、喫緊の課題でありながら、大変デリケートで踏み込みにくい教育・支援分野でもあります。和歌山大学教育学部附属特別支援学校でも同様に、性に関する教育方法に難しさと緊急性を抱え、打開策を考えつづけ、指導を模索してきました。

そのような中、自校だけの指導ではなく、地域の教育機関のセンター的役割を発揮し、サブ・ケアシステムの連携機関とともに、困難な課題である「性に関する指導・支援」をテーマに「性に関する指導・支援を考える研究グループ」として情報共有や協議を重ねてきました。

協議では、性教育をめぐる世界的な動きと一致し、「性教育はよりよく『生きる』ための教育」「人権教育としての性教育をスタートすべき」という考えに至り、これを標準とした性教育に着目するようになりました。加えて、困難さを抱える子どもや、虐待経験のある子どもにも配慮した、具体的で実践的な指導内容について継続して検討することを目指しました。

2．和歌山大学教育学部附属特別支援学校によるサブ・ケアシステムの発展

　和歌山大学教育学部附属特別支援学校には、研究校として、地域の公立学校や附属小・中学校との協働、個に応じた具体的な支援（性教育を含む）の提供経験を活かす務めが課されています。また「基礎的環境整備」や「合理的配慮」促進の先導者として、地域でのセンター的役割があります（図序－1参照）。

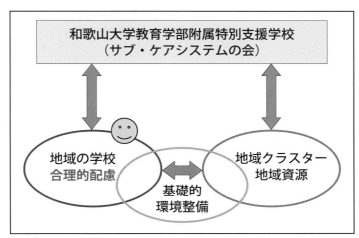

図序－1　柔軟なサブ・ケアシステム・モデル

　さらに、生涯発達のライフステージにおける途切れのない支援を行うためには、児童生徒、保護者、教員が手を携え、各地域で強固なケアシステムを整備することが急務です。『すべての教員のためのインクルーシブ教育システム構築研修ガイド』（2014）では、「インクルーシブ教育システム構築のためには、(1) 特別支援教育に関する知識・技能の活用、(2) 教職員および関係者の連携・協働、(3) 共生社会の形成に関する意識を含めて考えることが必要であり、一人ひとりのニーズに応じた指導・支援のノウハウを取り入れることは必須である。障害のある子どものための環境整備と配慮に関する知識を持っていることは、多様な子どもたちの指導法を工夫する手がかりとなる」とあります。特別支援のプロフェッショナルが他の専門機関と連携し、系統的な支援を構築することは画期的であり、社会的意義が大きいと思われます。

3．「性教育」に特化した研究活動と地域専門機関との協働

　和歌山大学教育学部附属特別支援学校では、平成22年度より9年間にわたり、「サブ・ケアシステムの会」と名づけた会において、連携機関とのシステムの組み合わせや橋渡しの支援について研究・実践を重ねてきました。本会は、和歌山県内の専門機関のサービス情報やケアチーム編成の方法を共有し、各機関がもつそれぞれのケアシステムをサブ（補

助的な)・ケアシステムとして活用できるようにすることを目的とする会です。その活動により地域の関係機関をつなぎ、9年間(3年ずつ3テーマ)協議会を開催した結果、参加機関は小・中学校8校、高等学校3校、特別支援学校3校、関係機関32機関、和歌山大学、附属学校で、参加者はのべ200名を超えました。

　平成27年12月には「施設内での性教育」に着目し、引き続き平成28年度からの3年間は「知的障がいのある児童生徒の性教育」をテーマに、関連したケアシステムの専門機関を選出し、研修(情報交換・協議)を行いました。学校や家庭における性教育のあり方、施設で行われる性に関する支援プログラムへの取り組みなど、幅広く情報交換が可能になりました。その結果、「子どもたちに正しい性の知識を教える性教育が必要である」「性教育プログラムも必要だが、同時に日常生活でのアプローチも大切である」「家庭や地域の環境が大切である」「スマホ(有害な情報を得たり、被害にあったりする)が大きな課題となっている」「性にまつわるトラブルの増加」といった問題点が共有されるようになった一方で、これらの問題に対する指導・支援の困難さも共通の課題として浮上しました。

　そして、平成29年度には協議会の参加メンバー有志で自主研究ワーキンググループ「性に関する指導・支援を考える研究グループ」を立ち上げ、平成30年度より和歌山大学教育学部「実践的地域共育推進事業・実践的地域連携教育推進事業(附属・公立)」研究(研究代表者：林修(和歌山大学教育学部副学部長))と連動することになりました。これまでに協議会・研修を8回継続しており、メンバーは和歌山大学(学部生、院生を含む)、教育学部附属学校を中心とした公立学校、連携機関(医療・福祉・行政、NPO団体など)の専門職です。

　連携機関のそれぞれの特徴を活かしながら協議する中、「人権としての性を大切にすること」「年齢発達に応じた性知識と実践に基づく指導内容を整理する必要がある」「発達の課題がある場合、指導や支援に困難がある」「虐待や愛着障害などの影響も大きいため配慮が必要」などの共通認識に至りました。加えて、継続的に集まることで「性教育について何とかしなければと思ってきたけれど、和歌山で組織的なワーキンググループが立ち上がり、継続的で実働的な活動がなされることが素晴らしい」「和歌山の地域連携ネットワークのメンバーの名前と顔が一致した」「この会で、以前同じ職場だった先生と久しぶりに再会できた、やはり熱心な先生は性教育も考えてくれていると嬉しかった」「いろいろな職種、職場の方と同じテーマで、違った角度から論じられることが刺激的で楽しい」などの感想が寄せられています。

　このように、和歌山県内で子ども支援に携わる関係機関の協力・連携が成熟し、教育支援活動として「性教育」整備の研究が始動しました。またサブ・ケアシステムの研究と並行して、文部科学省指定研究「平成26年度インクルーシブ教育システム構築モデル事業、モデル地域(スクールクラスター)」で、連携ネットワークの関係を深めました。この経

験をもとに、発達段階に応じた性教育の課題に基づき、また指導・支援の方法を系統化することで、性教育「和歌山モデル」の作成が試みられました。

4．和歌山モデルの構成

「性に関する指導・支援を考える研究グループ」の協議の中で、支援を検討するために、各々の支援現場で、性に関するどんな問題が起こっているのかについての現状把握を行い、課題を共通認識することで、課題に対応する具体的な指導や支援の現状を浮き彫りにし、そこから基本的な性教育（性知識の伝達）に関する要点を整理しました。

(A) 実年齢の発達段階に応じた指導や支援の必要性

和歌山モデルでは、効果的な性教育のため支援対象年齢を三つに区分しました。そして、年齢特徴を表す独自の名称を考案し、それぞれの発達段階に応じた課題を提示しています。

①「MINE（マイン）期」

<u>幼少期から小学生</u>

幼少期に「わたしの身体が、自分のもの（マイン）であり大切にすべきもの」という自己尊重の気持ちや感覚を養い、自分は大切にされる存在で、大切にしてもらう権利があり、同様に他の人も大切にするといった、自己や他者への愛着の基礎となる感情を体得してほしいという願いを込め、MINEと名づけました。

②「疾風怒濤（しっぷうどとう）期」

<u>中学生（場合により高校生も含む）</u>

中学生（または高校生）が、思春期の影響もあり、身体的・感情的に疾風、つまり嵐のような揺れを経験し、保護者や支援者にとっても同様に揺さぶられる経験をするエネルギーにあふれた年代であることから名づけました。

③「多様な青年期」

<u>高校生以上</u>

性に関する自認意識（性的自認）が、よりはっきりし、それにともない多様性の広がりが予想されることから名づけました。友人、保護者、支援者など周囲も、彼らの多様性を理解し認める必要が生じます。

(B) 個別の教育的配慮の必然性

①発達障害など理解が困難な場合の教育内容の工夫
②性被害や加害を経験している子どもへの指導は経験がない場合の教育とは異なる
③家庭での性教育と社会的養護環境にいる子どもたちでは性教育の内容が異なる
④集団向けと個別対応の２種類の性教育内容が必要

とくに、発達や知的に課題のある児童生徒に性教育を行う場合、集団での教育で理解できない、理解しても行動に移すことが難しい（知識として理解しても、生理的欲求との兼

ね合いもあり、衝動・感情コントロールに困難がある)、自分と他者の気持ちが理解しにくい場合（自分の気持ちと他者の気持ちへの気づき、コミュニケーションの問題、認知の歪みなど）の教育が難しい、理解や体験の個人差が大きい（性に関する体験の有無、性被害・性加害の有無なども含む）、家庭ではなく施設などで集団生活をしている子どもたちに対する性教育には独自性が必要であり、集団指導と個別指導の組み合わせによる知識の補強が効果的であると確認しました。もともとデリケートな問題であることに加え、生育歴、経験などの個別性から、教育内容には工夫と具体性、特異性がともなうことが明らかになりました。

(C) 一人ひとりに生きる権利を教え、幸せに生きるための教育であることをメインに据えた性教育の重要性

性教育では、自分も相手も大切にする権利意識を基礎として教えることが必要です。自分の気持ちに気づき、時には「ノー」という気持ちを言葉にして伝えること、自分の気持ちに沿って自分が選び、それを表現してもよい人である「大切な自分」を自覚すること、また選んだ「ノー」を相手が尊重してくれる体験をすることが、何より幸福に生きることにつながります。生きることに直結する「性」に関係して、対等な立場でのコミュニケーションが、人権という支えのもとに成立するなら、自分（気持ちや身体）は大切にされ尊重される存在であるという自尊感情や幸福感につながっていくと考えます。

5．性教育の系統的な指導・支援「和歌山モデル」の活用方法

和歌山モデルでは、発達段階ごとに求められる性教育の要素を以下の4テーマで整理しています。
①性に関する知識「基礎」
②性に関する最近の問題を含む「応用」
③「実践」編となる対人関係が関わる問題──相互理解、対応、ルール
④「家庭」（または施設）での性教育

図序－2（18頁）に和歌山モデルの構造を示しています。縦軸には三つの発達段階（MINE期、疾風怒濤期、多様な青年期）、横軸にはそれぞれの発達段階に求められる性教育の要素について、四つのテーマごとに項目が示されています。

実際の使用にあたっては、たとえば幼少期の横軸をたどってみるなら、①「基礎」知識で、命をつなぐ「生きる」ための「性」を教える。②「応用」的な知識で、性暴力に関連して、嫌な触られ方には「イヤ」と言う知識を教える。③「実践」で、自分の身体を大切に扱う、MINE（私の身体は私のもの）という認識を養うことを教える。④「家庭」（または施設）で、年齢に応じた会話を通して教える、となります。

和歌山モデルでは、発達段階に応じて必要な性に関する知識（基礎・応用）を身につけること、日常生活でその知識を活用し実践すること、性的な問題に関して、対人面でのス

キル、ルールやマナーを守ること、家庭での性教育が幼少期から必要であること、青年期になっても家族との会話の中に性に関する個人の価値観の共有の機会が必要であることから、性について気楽に話せるような家庭（社会的養護の子どもの場合は施設または里親）環境の整備・工夫を目指しています。

　本書には、和歌山モデルの各要素について実践例や関連する話題がまとめられています。

　第1部では、和歌山大学教育学部附属学校での性に関わる授業実践を紹介しています。さらに、和歌山大学の教員がそれぞれの専門分野から性教育に関連する提言をしています。

　第2部では、発達段階ごとの性教育の必要性について、さまざまな専門分野の支援者からの情報や提言をまとめています。それに加えて、和歌山県内の専門機関における性に関係する支援活動や、身近な性教育に関する実践や話題についてのコラムを随所に掲載しています。

　第3部では、発達に課題のある子どもたちへの発達段階（MINE期、疾風怒濤期、多様な青年期）ごとの支援実践事例と、多職種の専門家による架空ケース検討の内容を示しています。

　最後に、和歌山大学の学生たちと協力して考案した「ジェントレカード」（正式名称「ジェンダーセンス・トレーニングカード」）を付録として掲載しました。これは年齢別に二種類のカードがあり、4人ほどの小グループで、性に関する考えを身近なものとして自由に語ることを楽しめるように、オリジナルで制作したカードゲームです。さまざまな機会にご活用いただければと思います。

　和歌山モデルの作成には、県内の多くの関係機関が参加し、本書にも和歌山大学、和歌山大学教育学部附属特別支援学校を中心として、さまざまなケアシステムから約70名が参加し、その総力が結集されました。「性教育は生きる権利」「よりよく生きるための支援である」ことを共通認識したワーキンググループの日常的な支援や努力の結実です。

　昨今、子どもや学校をめぐる問題は枚挙にいとまがありません。そしてそのほとんどは複合的な要素がからみ、難解です。それに対応するためには、大人（指導者・支援者）も、目の前の課題への理解力、専門知識、支援技術に加え、少し先の未来への希望や夢や目標が必要です。支援する大人も、日々、自分自身が「大切にされるべき、かけがえのない存在である」という自覚をもち、「生きる権利を守る」こと、「よりよく『性』と『生』を生きるためにどのようにすればよいのか」を自問する必要があります。

　しかしその答えは簡単ではありません。だからこそ支援ネットワークをもつこと、ともに泣き、笑い、考え、励まし合える仲間と、支援者自身もつながり元気に生きていく工夫をしなければなりません。

本書は、当初、子どもたちに関わる支援者（学校・福祉・医療などの専門家）に向けて企画されましたが、「お母さんもわかる内容にしてほしい」というリクエストがあり、あらためて性教育のあり方を考えさえられました。誰のための本であるべきか、「性」という日常生活に密接に関連する事柄を扱うのであれば「専門家のためだけの本であってはならない、身近に置いていただき、すべての人に役立つものでなければならないのではないか」、そのような思いで、より幅広い読者に向けて、できるかぎりわかりやすい記述を心がけました。子どもの「生」に関わるすべての人たちにご活用いただけることを願っています。

《引用文献》

一ツ田啓之・岡潔・浅井敏雄・藤田絵理子. (2019). 学校と関係機関との連携システムの構築——「サブ・ケアシステムの会」の取組を通して——, 和歌山大学教育学部紀要　教育科学, *69*, 45-50.

国立特別支援教育総合研究所. (2014). すべての教員のためのインクルーシブ教育システム構築研修ガイド, pp. 98-99. ジアース教育新社.

白井千晶. (2018). 児童養護施設における性的マイノリティの子どもへの職員の対応について——児童養護施設LGBT児童対応調査の結果から——, 静岡大学人文社会科学部紀要, *68*, 1-21.

田代美江子. (2014). 日本の性教育を展望する——世界の中の日本——, 季刊セクシャリティ, *65*, 23-27. エイデル研究所.

コラム①
七生養護学校事件とその後の性教育の動向

　平成15年、都立七生養護学校（現在の七生特別支援学校）で行われていた性教育「こころとからだの学習」の内容が不適切であるという非難を受け、東京都教育委員会（以下、都教委）による当時の校長や教職員への処分が行われました。それに対し、教員と校長らが原告となり、都教委の処分が教育への不当介入にあたるとして都教委および都議会議員に対する裁判を起こし、原告側の勝訴となっています。

　しかし、このような性教育へのバッシング以降、学校現場では性教育の委縮が見られ、性教育の「冬の時代」ともいうべき時期が続くことになりました。

　その間に性教育の国際的な流れは包括的性教育へと進みましたが、日本は遅れをとることになりました。

　平成30年、東京都議会で、足立区の中学校で行われていた性教育授業に対して再び「不適切」と問題視する質問が出されました。再び性教育へのバッシングが起こることが危惧されましたが、都教委は性教育の必要性を認め、平成16・17年に発行された「性教育の手引」を改訂し、平成31年3月に都内の全公立学校に配付しており、性に関する積極的な教育はようやく進展を見せているといえます。　（鶴岡尚子）

図序-2　和歌山モデルの構成要素

【人権としての「性」（幸せになるために）】

人権（道徳）
- 人権　多様な性別
- 権利について

知識（基礎）　　　知識（最近の問題・応用）

MINE
幼少期・学童期

からだの変化（教科書内容）　10歳までに
- 男の子の体
- 女の子の体
- 体の変化
- 清潔について
- 性器含め体の名称
- 出産（赤ちゃんの誕生）

メディア（総合的な学習）
- SNS
- メディア、ICT

性暴力
- 性暴力〈性的いじめ〉
- 嫌がることをしない
- 嫌なことは、はっきり言う　嫌なときは逃げる

セックス
- セックスについて
- 「生」と「性」について

疾風怒濤の世代
思春期

身体発達の理解
- 男性の身体的・性的発達（体のしくみ）
- 女性の身体的・性的発達（体のしくみ）
- 第二次性徴（見通し、相談相手）
- 生命の誕生――生まれてから育つまで（現在）

SNSとのつきあい方
- ネットの性情報の真偽
- 自撮り被害の怖さ
- リベンジポルノ
- 被害・加害当事者の事例から学ぶ
  →（和歌山版）性情報の独自のユーチューブを作成・発信する

LGBTについて
- LGBTとは

気持ちの変化の理解
- 思春期とは
- 思春期の気持ちの変化についての心理教育

性犯罪に関すること
- 性犯罪と法律
- 性加害…何をしたら犯罪になるのかの知識
- 性被害…被害とは何か、相談機関の知識
- 自分を守る…ふるまい、服装
- 性犯罪に巻き込まれないための予防教育（自撮り被害など）

正しい性情報の理解
- メディアにある誤った性情報
- 情報とのつきあい方（不適切な情報の区別）
- アダルトのうそ情報

青年期
多様な世代

性教育
- 妊娠のしくみ
- 妊娠・出産
- 中絶
- 対象による教材の工夫（発達の偏り・被害体験への配慮）
- 多様な性について
- 悪意のある情報にだまされない教育が必要

情報（ネット）SNSの利用
- 正しい知識⇔ネットに情報があふれている
- 性病
- 性的マイノリティ
- SNSの利用
- 裸の画像の送受信
- リベンジポルノの危険性

法教育
（リスクマネジメント、犯罪→コントロール不全防止）
- 性的刺激（ポルノ）
- 児童ポルノ
- 性被害
- 性加害
- 法教育
- 買春（売春）
- 性労働

実践（相互理解・対応・ルール）

同意
- 「同意」について
- 男女意識「つきあう？」

MINE「私の体は私のもの」
- 体を大切に扱う（MINE）
- 体にふれていいところ
- プライベートゾーン…わたしの体
- 大事な部分…人に見せない
- 養護教諭と連携して…参観日などに

家庭での「性」教育

家庭教育
- 家庭での性教育
- 性に関係する会話

MINE
幼少期・学童期

異性とのつきあい方
- 異性とのつきあい方
- すてきな男性・女性になるためには
- 男女の気持ち（個人個人）の違い
- 異性の気持ちについての理解
- 適切な男女交際

性に関するルール
- 性行動のルール（プライベートパーツ）
- 良いタッチ、悪いタッチ
- 境界線（バウンダリー）
- 対人行動のルール（物理的・心理的・社会的境界線）
- 社会のルール（人との距離）

性衝動への対応
- 欲求への対応
- 性衝動のコントロール（主にマスターベーション）
- マスターベーションのこと

家庭教育
- 家庭での性教育
- 性に関係する会話（親の恋愛経験など）

疾風怒濤の世代
思春期

男女関係
- デートDV
- 結婚と離婚
- 男女の距離感（距離のとり方）

教育方法　予防・治療・犯罪
- 否定的ではない教育
- これまでの個々の状況に合わせた教育 ex）性の知識の学び落とし、ニーズバラバラ
- 罪悪感をもたせない
- 衝動とコントロール
- マスターベーション
- 偏り（一人だけの知識）→ 問題意識のズレ
- ポルノのうのみ → 歪み → こだわり
- 背景の分析（ズレているのはなぜ？）

家庭教育
- 家庭での性教育
- 性に関係する会話（親の恋愛・結婚観など）

青年期
多様な世代

序論　よりよく生きるための性教育を目指して

第1部

教育分野

―― 和歌山大学教育学部附属学校での「性」に関する教育の実践 ――

　第1部は、和歌山大学教育学部附属学校（附属小学校、中学校、特別支援学校）と和歌山大学の教員による、「性教育」または「性に関わる教育」に関する、校種ごとの発達段階に応じた実践・提案を掲載しています。

　3校とも大学、地域の公立学校、関係機関と連携しながら、各校の子どもたちの成長・発達に合わせた研究をしています。

　はじめに、附属3校における教科書内容を補足する教育内容の提案、性教育の要素を含む研究的な実践の試みを示しています。

　滋養豊かな教育環境を整えるべく、子どもたちの顔を覗き込みながら、教員も一緒に考え、創っていく授業を実践しています。

　次に、和歌山大学の多様な研究者――教育学部の教員、性に関する指導・支援を考える自主研究グループのメンバー（保健体育・精神医学・心理・障害児教育・社会学など）が、令和元年現在、性に関係する実践や独自の専門研究分野から寄稿しています。躍動する命と関係した多角的な教育実践や支援イメージが膨らみますように。

1章 附属小学校における取り組み

【概説】小学校教科書内容──性教育に関する分野──

　小学校教科書から性教育に関連した内容を振り返ることで、発達年齢に応じた学習を明確にします。小学校教育における「性」に関する知識の習得の機会として、ほけんと理科での学習があります。

ほけんでの性教育関連キーワード（3、4年ほけん）
「思春期にあらわれる変化」
　子どもから大人への変化があらわれてくる時期が思春期の始まりです。
　思春期の体の変化は小学生の中・高学年のころから中学生のころにかけてあらわれます。
「初経（女子）と精通（男子）」
　思春期になると女子には初経が男子には精通が起こります。これらは私たちの体が大人の体に近づき、新しい命を生み出すためのじゅんびが始まったことでもあります。
　思春期には心にも変化があらわれ、異性のことが気になったり仲良くしたいという気持ちが高まったりします。この変化はだれにでも起こりますが、変化の仕方やあらわれる時期には個人差があります。

理科での性教育関連キーワード（5年）
1．「植物の発芽と成長」　⇒　2．「メダカのたんじょう」　⇒　3．「ヒトのたんじょう」
「ヒトの受精卵」
　女性の体内でつくられた卵（卵子）が男性の体内でつくられた精子と結びつくと卵は育ち始める。卵と精子が結びつくことを受精といい、受精した卵を受精卵という。
「子宮のなかの様子」（ヒトの育ち）
　子宮は母親の体内で子どもが育つところ。
　受精後4〜38週目までの赤ちゃんの様子の絵や写真などの資料。

《引用文献》
文部科学省検定済教科書．（2015）．新編　新しいほけん　3・4．東京書籍．
文部科学省検定済教科書．（2018）．わくわく理科5．啓林館．

1-1 さまざまな人と学び合う中でのLGBTの理解

和歌山大学教育学部附属小学校　矢出大介

はじめに

　性同一性障害とは、自らの性別の意識（性同一性、性自認、ジェンダー・アイデンティティ）と身体的性別との間に不一致がある状態をいいます（日本精神神経学会）。最近のテレビなどでは、親しみやすいLGBTのタレントが登場して活躍している姿が見られ、LGBT当事者を励ます存在にもなっています。しかしその反面、「同性愛者的」な「女っぽい」「男っぽい」キャラクターを笑いのネタにしたり、LGBTであることそのものを笑いにしたりしていることも多くあります。また、一面的に強調されている場合もあります。このようなものを日常的に見ていることで、LGBTを普通ではなく、笑いにしてもいいものだと考える人が多くなる可能性があります。

　また、自分がLGBTだと気づいた子どもたちや青年は、「自分は普通ではない、どこかおかしいのではないか」「自分がホモやレズであることを認めたくない」と、自分の性的指向を受け入れられなくなったり、自己肯定感をもてなくなったりする可能性も出てきます。

　多くの人は異性を好きになりますが、同じように同性を好きになる人や性別にこだわらずに両方の性を好きになる人、もしくはとても恋愛感情が薄い人も少数ですが存在し、それぞれが対等です。

　本節では、筆者（小学校教諭）が小学校高学年で実施した、LGBTについて学ぶことでさまざまな人と学び合うことを目指す学級づくりについて述べます。

使用した教材

　NHK for School オンマイウェイ「偏見をなくすためにはどうすればいいんだろう？」
　この教材は、明るい映像とともに明るい雰囲気でわかりやすくLGBTについて学べることが特徴です。番組のホームページからダウンロードできる指導案の例も活用できるため、性教育について詳しく勉強をしていない教師でも比較的容易に実践することができます。LGBTについてわかりすく整理されたイラストも用意され、LGBTの人たちの取り組みや体験の話を聞くこともできます。子どもたちが話し合うためのワークシートも活用することができます。この映像をみんなで視聴したうえで、考えを話し合うことで多様な人と生きていくことが当たり前だと考える一歩になると思います。

授業の様子

　実際に、4月の特別活動の時間でNHK for School オンマイウェイ「偏見をなくすため

にはどうすればいいんだろう？」を活用して授業を行いました。子どもたちはこの学習を通して、LGBTが特別なことではなく、一つの特徴であると感じていました。クラスには、運動が得意な子もいれば、そうでない子もいます。話すことに関してもそうです。その中で、みんながお互いを認め合っていくことが必要であることを確認することができました。

　この授業が成功したと思える要因は、大きく二つあると考えています。

　①新しいクラスになった4月に、保健や道徳ではなく特別活動の時間に学習したことです。これにより、よりよい学級を目指すために多様な人たちで認め合っていくことの一つにLGBTを位置づけことができたことです。

　②LGBTに対して偏見的な視点が生まれる前の段階だったため（もし当事者がいたとしても自覚をしはじめる段階での学習である）、他の個性と同じようにLGBTに対しても理解しようとすることができました。

まとめ

　LGBTについて一面的な理解しかしていない教師や子どものなにげない一言で傷つく子どもも少なくありません。そのため、小学校の高学年ではLGBTについてきちんと理解していく必要があると思います。NHKをはじめとした映像教材を活用して話し合うことで、これまでよりも多くの教師がLGBTについて子どもに伝えていくことができます。この教材を学べばすべてが解決するわけではありません。しかし、まずは第一歩を踏み出し、同じ学校の教師で話し合い、よりよいLGBTの教育につなげていく必要があります。子どもの人権を守るためにも、今すぐ取り組んでいかなければいけないと考えています。

《引用文献》
NHKオンマイウェイ「偏見をなくすためにはどうすればいいんだろう？」．https://www.nhk.or.jp/doutoku/onmyway/shiryou/2016_001_01_shiryou.html．

1-2 体験的な活動を通して養う子どもたちの生命尊重の態度

和歌山大学教育学部附属小学校　岩﨑　仁

はじめに

　小学生への性教育は、学校の保健体育として科目が構成されており、体育の合間に保健の時間をとるので、体育が主になっている現状があります。小学校では担任教諭が性教育を担っているという報告があり、日常生活指導ともあわせて清潔指導や初経教育がなされています。道徳教育としても、相手を大切にすることやいじめなどの問題についての授業がある一方で、性について語られることは少ない現状があります。そのため子どもたちにとって、小学校段階の指導内容は、性とはかけ離れてしまっています。もちろん、小学生の発達段階は十分に配慮しなければなりませんが、生命の尊重は命の誕生の仕組みを理解して初めて養われるのではないでしょうか。そこで本節では、小学校（5年）理科「動物の誕生」と「ヒトの誕生」を通して発生の仕組みを理解しながら、子どもたちの生命尊重の態度がどのように養われていくかについて述べていくことにします。

メダカ（動物）の誕生から発生の仕組みを考える

　5年生の段階で、知識のうえでは精子と卵子が受精して受精卵ができることを知ってはいますが、わかったつもりになっているだけです。そこで実際にメダカを育てながらメダカの発生を観察していくことにしました。二人一組になってオス・メスのペアのメダカを水槽で飼うことにしたのです。不思議や発見をメダカ掲示板に貼っていくことで（図1-1）、子どもたちは積極的に観察を続けます（図1-2）。しばらくするとメダカが交尾します。誰も恥ずかしがりません。自分たちのメダカが頑張って命を創ろうとしているからです。メダカの卵を顕微鏡で毎日観察していくと、小さな命が宿っていることがわかります。メダカの稚魚が卵からかえった瞬間に、教室からは歓声があがりました。このような

図1-1　メダカ掲示板の友だちの調べ学習を読む　　図1-2　メダカの観察「元気かなぁ～？」

観察を通して子どもたちはオスとメスがいて初めて命が誕生するということ、生命の誕生の素晴らしさを実感できたのではないでしょうか。

ヒトの誕生を体験的に学習して本当の理解を

　理科「ヒトの誕生」は、一般的に調べ学習が中心の単元ですが、それだけでは子どもたちに生命尊重の態度は養われません。とはいえ、子どもたちにとって身近ではなく観察しにくい対象です。そこで、抽象的なことから具体的な内容へと学習を進めていくことにしました。

　まず子どもたちに妊婦の写真を提示し、「お腹の中に赤ちゃんはどのような状態でいるのだろう」と問いかけました。子どもたちなりに予想しはじめます。子宮の中の胎児のイメージ図を描き、交流していくことで、「赤ちゃんはどうやってお母さんから栄養をもらっているの？」と一つの問題を設定していきます。ここで、子どもたちは植物の発生・動物の発生を想起し、植物には子葉、メダカには卵黄があったことを思い出します。しかし胎児にはそんなものはありません。子どもたちは話し合いや調べ学習を進めていくうちに、子宮内にある胎盤に気づきます。

　一人の子が問題を提起します。「私のお母さんと私は血液型が違うからどうやって栄養をもらっていたの？」ここでモデル実験を提示します。胎盤に見立てたろ過器に、血液に見立てたトマトジュースを注ぎます。すると胎児に見立てたビーカーに透明なトマトジュースが注がれます。味を確かめると、トマトジュースのままなのです。「このような仕組みで赤ちゃんは栄養をもらっているんだな」と納得する子どもたち。生命の神秘に触れた瞬間でした。

　学習後、子どもたちの知識をより確かなものとするために、日本赤十字社和歌山医療センターの助産師さんと連携して命の教育を行いました。赤ちゃんが生まれる瞬間の映像教材を視聴したり、乳児のモデルを実際に抱いてみたり、妊婦が実際感じている重さの重りを装着したりなどさまざまな体験をします。乳児のモデルを大切に抱く子たち、妊婦の出産を真剣に観る子たち、今までの知識が具体的につながった瞬間ではないでしょうか。さらに子どもたちからは、生命に対する畏敬の念や生命尊重の態度が見られる感想が得られました。

まとめ

　以上のような実践を通して、子どもたちに生命尊重の態度が養われたと実感しています。突発的に事例を取り上げて授業をするのではなく、子どもたちの発達段階を踏まえ、理科という教科を利用して、植物→動物→ヒトと、発生を体験的に学習していくことが望ましいと考えます。これらのことが子どもたちの性に対する素地を養うきっかけになるのではないでしょうか。

1-3 学童期における性教育・性に関する指導

和歌山大学教育学部附属小学校　森本孝子

はじめに

　学童期における性教育を進めていくうえでのキーワードは二つあります。一つは第二次性徴と思春期における身体の発育・発達の個人差、もう一つは初経・月経指導です。子どもたちに第二次性徴と思春期の発育・発達の特徴を理解させるために、保健学習や初経・月経に関する集団での指導を行うことと、発育・発達過程において直面する個人的な課題に対応する能力を育成するために行う個別指導の両輪で進めていくことが必要です。

初経・月経の仕組みと生活（集団指導）

　附属小学校では、第4・5・6学年での各々の宿泊行事前に、養護教諭が女子児童を対象に、初経を含む月経と生活についての指導を行っています。

　その前提として、第4学年の教科体育の保健領域「身体の発育・発達」で、思春期の身体の変化と第二次性徴に関する事項や、身体の発育・発達には個人差があることなどの学習を行っておきます。この第二次性徴の保健学習では、①自分の身体には生殖の仕組みが備わっていること、②思春期における男女の身体の特徴や身体の内外の変化（体つき、初経、精通、声変わりなど）、③異性への関心の芽生えなどの心情面の変化について学びます。さらに、これらは大人へと成長していく過程の現象であり、誰にでも起こり得ることを知識として理解し、自己の成長として安心して対峙するために、身体の変化を成長の証として喜び、肯定的に受け止められるような指導が必要となります。

　女子児童には、月経時の手当てや入浴時・水泳時の留意事項、トイレの使い方やサニタリー用品の使い方など、男女一斉授業より具体的な指導を行い、月経時における生活上の実践力・対応力を身につけられるように取り組んでいます。

　第4学年では、初経・月経を自分ごととして具体的にとらえられる子と、まだまだ未知の世界として抽象的にとらえている子の差が大きいのが現状です。そのため、第5・6学年においても、第4学年とほぼ同じ内容で初経・月経指導を繰り返し行い、子どもたちが、個々にその時点での発達段階に則した学びをし、学年が上がるごとに深められるようにします。それによって、初経・月経を自己の成長としてとらえ、主体的に適切に対応する力を身につけていくことができるようになります。

　宿泊行事前の保護者説明会では、第4学年での保健学習や、女子の初経・月経指導の取り組みについて説明し、家庭では個々の成長に合わせて、サニタリー用品の準備と初経を迎えたときの心構えなどを親子で話し合ってもらうように依頼しています。これにより、子どもが成長過程で自己の身体と心の変化に不安や悩みをもち、課題と向き合う場面が出

てきたときに、一番身近な女性の先輩である母親が一緒に考え導くことで、子ども自身が適切に判断し、行動できる力を実生活で育んでいくことができます。

初経・月経時の生活（個別指導）

　思春期の身体の変化には個人差があるため、子どもが初経を迎えた後、学校での手当てに困ったときの対応や、心構えに関する個別指導を保護者から依頼されることがあります。たとえば、月経の手当てがどうしてもうまくいかない、サニタリー用品を準備し忘れる、服を汚してしまうことを繰り返すなどです。ほかにも、思春期早発症と関わって、早くから初経を迎えたときの対応についてなどです。

　これらの場合、保護者、主に母親と連絡を取り合いながら、子どもが自己管理・自己対応ができ、快適な生活を送ることができるように自立に向けた支援が必要になります。月経時の手当ての失敗を繰り返すことで、月経時の生活を面倒に感じたり、同学年の友だちとの違いに違和感をもったり、ほかにも月経痛や不安感など心身症状の発現を通して、月経自体や自己の心身の変化を否定的にとらえ、自尊心を低下させてしまわないように留意しながら、現実的な場面での具体的な指導と支援を積み重ねていくようにしています。また、日常の子どもの様子から養護教諭が支援の必要性を感じた場合は、個別対応を行います。

　このように、保護者と情報共有しながら個別指導を進めることは、子どもが思春期の心身の変化を正しく理解し、自己の成長過程における課題解決に向けて適切に対応することができるとともに、親子の不安や悩みを軽減し、安心して生活するための重要な支援となります。これらの指導を通して、子どもが、女性として将来次の命をつないでいく生殖機能を備えていることを理解し、成長過程における自己の心身の変化にともなうさまざまな課題に向き合って、適切に対応していける資質能力（自己判断力、自己解決力、生活実践力、肯定的に受け止める力）を育成していくことが重要です。

まとめ

　学童期における初経・月経に関する指導は、子どもの成長過程の通過点の一つです。集団と個別の両輪での指導は、子どもが主体的に自己の成長と向き合い、繊細な思春期の自己肯定感を高めながら、よりよい未来へとつながっていく基盤となる教育の場であることを念頭に、子ども一人ひとりの成長を見守り、実践していくことが重要です。

1-4 「家庭科」に見る性教育

和歌山大学教育学部／同附属小学校校長　今村律子

はじめに

　現代社会は、家族や性に関する多様さが浸透し、今までの固定観念で推し量ることができない世の中に変化しています。たとえば、昭和の時代には、ちびまる子ちゃんの漫画に見られるように、標準的な家族形態として、父、母、子どもが2人、祖父母同居などの拡大家族が家庭科でも中心に扱われていました。近年の世帯構成割合を見ると、単独世帯が急増するとともに、核家族も「夫婦のみ」や「ひとり親と子ども」のように家族規模が縮小しています。また、「ファミリー・アイデンティティ」（家族として思い浮かべた範囲）が変化し、家族という言葉も婚姻関係や血縁関係の結びつきだけではなく、同性カップルなども含め多様な形態を表すようになってきています。

自分らしい性別役割選択の権利

　家庭科では、よりよい社会の構築に向けて、自分の行動に責任をもち、主体的に家庭や地域の生活を営むため、さまざまな人々と協働していくことを目指しています。そのため、高等学校では、一人ひとりに「リプロダクティブヘルス・ライツ」（性と生殖に関する健康と権利）を守ること、すなわち、性や子どもを生み育てることに関するすべてにおいて自分らしく生きられる権利があることについて学習します。さらに、自立した生活を営むうえで、さまざまな価値観や生き方を尊重していくことの必要性から、「性別役割分業意識」（男は仕事、女は家庭）などの考えにとらわれることなく、自分らしさや個性を尊重しながら資質を伸ばす共生社会の実現を教えます。

　数年前、スカート男子を扱った漫画『ボーイ☆スカート』が話題になりました。たまたま見かけたスカート姿の男性を「カッコいい」と思ったという理由から、スカートをはいて学校へ行った男子高校生に対して、教師だけでなく同級生も困惑し、はく理由を求めるというものでした。この漫画では衣服を取り上げていますが、人とは異なるということについて常識を打ち破ってものごとを考える必要があると教えてくれる例だと思います。以前は、女性だから、男性だからと、性別役割分業意識が衣服に関する固定観念にも強く影響を及ぼしていました。自由に自分らしい表現を個性として選択できる権利があるのは、豊かな社会の象徴と考えられます。

　このように、ファッションが自己表現の一環であるなら、学校が規定する男女の制服の画一化（男子は詰襟、女子はセーラー服）が、LGBTの子どもにとって自分らしさとの違和感、抵抗感につながることも想像に難くありません。女子はスカートかパンツスタイルかを選択できる学校もありますが、セクシュアリティを意識しながら制服を着用する児童

生徒があるということも考慮する必要があるでしょう。自分のアイデンティティに添う衣服を着用する重要性が権利として認められる成熟した社会を望みます。

共生社会の一員として——学校教育の中での育ちを支える

　学校教育の中で、とくに小学校教育では、同質な人間関係だけではなく、多様な人との交流の経験により、視野を広げてほしいと願っています。附属小学校でも、外国の学校とのホームステイによる交流や附属特別支援学校の児童との交流を毎年実施しています。これは、家庭科において誰もが互いに認め合い、広い視野をもち、共生社会の一員となる関係性を自覚できるような学びにつながります。

　交流の中で、自分と違う何かを発見し、まずは正直に感じていいのです。自分とは同じでないことで大変だと思うことに対して、その事実をどのように受け入れ、乗り越えるのかというところが知恵の見せどころ、創意工夫を働かせるときです。自分と違うってしんどい、いやなことと、あきらめてしまわない附属っ子であってほしいです。違うな、なんでだろう、と違いをスタートにして、どうやったらわかり合えるのか、受け入れられるのかを小学生のころから考える習慣をもち、体験的に学んでほしいと願っています。それを一人だけで考えるのではなく、友だちと本音で話し合える学習の機会が増えれば、心から互いを認め合い、安全で安心な共生社会を伸びやかに生きる大人に成長していくのではないかと考えています。

まとめ

　多様である一人ひとりの生きる権利を認めること、それが豊かな社会であり、人間関係の豊かさです。社会は一人ひとりが作っていきます。性に関しても選択の自由と互いを認め合う共生社会を作るために、まずお互いを知ることから始める必要があります。体験的な学びを通して視野を広げ、生きづらさを抱えている人に気づき、寄り添う友となれるかもしれません。一人として同じ人間はいません。だからこそ面白いのです。違いを楽しみ尊重し合える関係を、子ども時代にたくさん経験することに積極的になれますように。

《引用文献》
南　信長．(2015)．なんでダメ？軽やかに問う．朝日新聞 6 月 21 日朝刊（19 面）．
佐藤文子・青木幸子・石川洋子・岡村清子・川上雅子・重川純子…山岸雅子（編）．(2019)．新家庭基礎　主体的に人生をつくる．大修館書店．
鳥野しの．(2015)．ボーイ☆スカート．祥伝社．

1-5 SNSにおける性の危険性

和歌山市立三田小学校　桑木義典

はじめに

　スマートフォンは、小さなパソコンと携帯電話の両方の機能を有しているため用途は幅広く、非常に便利なツールですが、反面、出会い系サイト、アダルトサイト、自殺サイト、薬物サイトなどの危険なサイトに簡単に行きつく危険性も潜んでいます。またSNS上に平気で自分をさらす発信者としての問題もあげられます。本節では、とくにSNSにおける性の危険性に焦点を当て、子どもたちを取り巻く現状と課題について考察します。

知らなかったではすまされない、子どもたちを取り巻く現状

　有害サイトのアダルトサイトでは、アダルトグッズの購入やアダルトビデオの視聴が可能です。ネット販売ではコンビニで受け取るサービスがあるので、保護者に内緒で購入することもできます。一度インターネットに公開した情報が、入れ墨のように半永久的に残ってしまい、完全に削除することが困難になることをデジタルタトゥーといいます。名前やID、連絡先をさらしている子どもも多くいます。出会い系サイトとは、登録した18歳以上の会員同士が友人や恋人を募集するための掲示板などを提供しているサイトで、大人の直接の出会いを提供しています。年上の兄弟や両親等の身分証明を偽って提出、会員登録するなどし、毎年約200人の児童が被害に遭っています。神待ちサイトでは、家出やその他の理由で住居が定まっていない少女たちが、インターネット上のプロフィールサイトを使い、寝泊まりできる場所や食事を提供してくれる男性を求めます。泊めてくれる人を「神」と表現し、男性側にも「家出している子を助ける」という意識があるなど、行為を正当化している節がありますが、中身は出会い系サイトと変わりません。平成15年の出会い系サイト規制法施行にともない、こうした非出会い系サイトを「代用」する男女が増えました。

家庭でのルール、話し合ってますか？

　子どもに「スマートフォンがほしい」と言われたら、スマートフォンを利用する目的や必要な理由を聞きましょう。家族で話し合い、スマートフォンの利用について「家族のルール」を決めます。家庭でのルールづくりのポイントとしては、「ルールがトラブルから自分を守ってくれる」ことをきちんと伝え、子どもも保護者も互いに納得でき、子どもが守れるルールが好ましく、守れなかった場合のことも考える必要があります。トラブルがあったら保護者に相談するよう決めておきます。

　作成手順例としては、保護者が不安なことを紙に書き出し、不安に対応するルールを話

し合い、ルールを守れなかったときにどうするかについても、紙に書き出します。定期的に話し合い、ルールを更新していきます。

　スマートフォンの使用マナーとして、公共施設（図書館、電車、病院、店舗）などでの利用はしません。歩きながら、また自転車の運転をしながらの使用は禁止されています。相手の迷惑にならないように使用時間を決め、小学生は21時以降、電源を切るなどの決まりを設け、自分の部屋にスマートフォンを持ち込まないようにします。金銭管理に関しては、有料サイト契約はそのつど親の了解を得ます。毎月のスマートフォンの利用料金明細を必ず親子で確認しましょう。法律に関わることとして、SNSへの無責任な投稿は社会に多大な被害を引き起こし、損害賠償請求される可能性があるので絶対にしてはいけません。大袈裟な表現、根拠のない情報の使用は禁止です。著作権を守らなければなりません。個人の役割・責任として、勉強中はスマートフォンを触らないようにして、やるべきことを優先します。

　自己防衛として、ウェブ上に個人情報（名前・住所・電話番号・写真など、本人が特定されてしまう情報）を書き込みしてはいけません。フィルタリング契約をします。ウィルス対策ソフトを入れます。IDやパスワードを安易に人に教えてはいけません。家庭ルールを守れなかったとき、何が悪かったのか話し合いましょう。それでも守れなかったときは数日間の利用禁止にし、利用禁止になることを繰り返した場合は契約を休止するなどの対応も一つの方法です。

　フィルタリングは、有害情報等が含まれるウェブサイトへのアクセスやアプリの利用を制限するだけではなく、ウィルスや詐欺のほか「ブラックリスト」に登録されているような悪意の仕掛けがあるウェブサイトへのうっかりアクセスも防いでくれます。パソコンからMVNO（格安スマートフォン）まで、さまざまなインターネット接続機器や、学年や利用目的に合わせた段階的な設定が可能です。また、個別サイトやアプリだけを利用許可または利用制限するカスタマイズ機能もあります。子どもの成長段階や利用状況に応じて設定を調整していきます。

まとめ

　親としてできる最善のことは、子どもとのコミュニケーションです。日常の会話や表情から些細な変化に気づき、話しやすい関係づくりが大切です。日頃から子どもを見つめ、見守り、予防線を張り、大人の価値観を一方的に押しつけるのではなく、子どもの価値観を理解し、共感しようとする姿勢も重要です。スマートフォンの利用に関して、つねに危険が潜んでいることを理解し、子どもは失敗や間違うことがあることを想定しておくことが大切です。子どもを取り巻く環境の安全を守るためには、保護者がインターネットに関する知識を深め、適切な利用を考え、学校とも緊密に連携していくことが大切です。

コラム②
青少年健全育成条例の改正について

　青少年のスマートフォン（以下、スマホ）所持率が増加傾向にある中、スマホを利用した性被害が増加しており、平成30年度上半期には、警察庁調査では、児童ポルノ被害の約4割が自撮り画像被害となっています。加えて深刻な影響として、自撮り画像被害に起因した画像をネタに青少年に迫り、強制性交や強制わいせつ事案に発展する危険性があります。ほかにも画像がネット上に拡散されると回収（削除）することはほぼ不可能であり、将来にわたって青少年を苦しめる要因となっています。

　和歌山県ではそのような性被害を防止するため、平成30年12月の議会において青少年健全育成条例に「自撮り画像（児童ポルノ相当）要求行為を禁止する規制」を新設しました（平成31年4月1日施行）。条例で規制することにより、一般県民（成人）が青少年に自撮り画像を要求してはいけないこと、青少年も自撮り画像を撮影し、相手に送ってはいけないことを意識させ、この種の犯罪被害を防止することを目的としています。内容として、「拒まれたにもかかわらず提供を求める」「欺き、威迫し、又は困惑させる」「対償を供与し、又はその供与の申し込み若しくは約束をする」といった悪質行為により、青少年に自撮り画像を要求した者に対しては30万円以下の罰金を科す罰則を設けています。

　これらを周知するため、和歌山県青少年・男女共同参画課では、青少年健全育成の活動として、①情報モラル教室の開催（対象：小中高校や特別支援学校、関係機関）、②和歌山県教育委員会と連携したネット指導教員養成講座（対象：教員）、③啓発チラシの配布（県内学生全てに配布）、④携帯電話販売店との連携（県内103店舗、フィルタリング促進のための取り組みと契約時等における条例周知の協力依頼）、⑤県政おはなし講座（県民からの依頼で関係機関において情報モラルや県の取り組みを説明）に取り組んでいます。平成30年度には、①と②は県内31か所で実施され（受講者計2808名）、⑤は13回開催されています。

　さらに各市町の青少年センターと連携して、夜間特別補導、青少年への声掛けや啓発活動の実施、ネットパトロール業務（インターネット公開の県内青少年の情報のうち匿名掲示板への不適切投稿〈卑猥な投稿〉など年間1000件前後に対し、県教育委員会、警察と連携して指導等実施）、有害環境調査（条例に基づく県内図書販売店に対する立入調査）なども行っています。このように青少年の健全育成に関係する多分野（性の問題も含む）での安全安心な環境づくりを進めています。

（和歌山県青少年・男女共同参画課）

ミニ総括①

　小学校は、6年間という長い期間、6歳から12歳へと心と身体を大きく成長させながら、児童が生活する場です。心と身体、認識の発達にも個人差がある児童を対象に、昨今の性の多様化やマスメディアにおける取り上げられ方等を踏まえたうえで、どのように性教育を実施していくかということは、非常に難しい問題であるとともに、重要な課題であると考えています。性教育はいうまでもなく、心理面と身体面の両面について、第二次性徴の発現や思春期への移行等の個の発達だけでなく、人間関係および社会的側面からも行う必要があります。

　これらのことから、本章では、特別活動における性の多様性理解、理科における生命尊重の態度の育成、保健指導および個別指導における第二次性徴理解、家庭科における個の多様性の理解、保護者向け研修会でのSNSにおける性の危険性について、五つの性教育の事例を示しました。このように、性教育は、保健体育だけでなく、全教育活動において、児童だけでなく、保護者や地域を巻き込み、組織的・系統的に取り組むことが重要となってきます。そして、これらの取り組みを学級だより等の活用により家庭に返すことで、親子が一緒になって性について話し合い、考え合うきっかけとすることができるのです。

　今後も、附属小学校の性教育が、性についての科学的な知識理解、好ましい性差観の育成、命の尊さ・大切さ等の理解についての資質・能力を育むこと、人間としてのあり方、生き方を考える時間となるよう、さらなる研究実践を進めていく必要があると考えています。

（中井章博）

2章 附属中学校における取り組み

【概説】中学校教科書内容——性教育に関する分野——

　中学校教科書から性教育に関連した内容を振り返ることで、発達年齢に応じた学習を明確にします。「性」に関する知識の習得の機会として、保健体育での学習があります。

保健体育での性教育関連キーワード（中学1年生で学習）
「生殖機能の成熟」
　思春期になると下垂体から性腺刺激ホルモンが分泌されるようになり、その刺激によって生殖器の機能が発達します。
「排卵と月経の仕組み（女子）、射精の仕組み（男子）、受精と妊娠」
　精子は膣から子宮を通って卵管へと泳いでいきます。このときに排卵された卵子が卵管に来ていれば受精が起こることがあります。……女性の体内に胎児が宿っている状態を妊娠といいます。……新しい生命を誕生させることが可能になったということで大人の体に近づいているしるしです。
　射精されずにたまった精子は分解されて体に吸収されます。……思春期に自慰行為で悩む人も多いようですが、健康に過ごせるなら、その有無や回数で悩む必要はありません。
「性とどう向き合うか」
　思春期になると、性機能の成熟にともなって、性意識にも変化が現れます。性の事や異性に関心が高まったり、性的欲求が強くなったりします。……自分の気持ちを一方的に押しつけてしまったり、……相手に従ったために自分が傷ついてしまうこともあります。一人ひとりの体と心が違うこと、多様な考え方、感じ方があることを理解することで、お互いを尊重した関係を築いていくことができます。
　私たちの身のまわりには、性情報がたくさんあります。……これらの中には正しくない情報が含まれていることが少なくありません。いたずらに「性衝動」をあおり、性を「もの」として扱っているものも見られます。こうした性情報に惑わされて誤った行動をして犯罪に巻き込まれたり、心身ともに傷ついてしまうこともあります。
「性感染症とその予防／エイズ」
　性感染症とは、性的接触によって感染する病気のことです。

《引用文献》
文部科学省検定済教科書．（2016）．新・中学校保健体育．学研．

2-1 中学1年生の保健分野におけるICTを用いた性教育

和歌山大学教育学部附属中学校　橋本大地

はじめに

　中学生は思春期で多感な時期、難しい時期とよく耳にします。実際この時期に多くの生徒は第二次性徴が起こり、男女とも身体に形態的変化が現れます。また、性的なことへの関心も高くなっていきます（日本性教育協会，2013）。第二次性徴は女子のほうが2年ほど早く起こったり、性への関心は女子よりも男子のほうが高いなど男女での差や、一人ひとりの個人差はありますが、中学生の時期は多様な生徒が存在することになります。

　そんな時期に性教育を行うことは非常に意味があり重要なことではありますが、橋本ら（2011）が指摘するように、学習指導要領において体系的な指導がなされておらず、カリキュラム的な課題があります。もちろんその課題による影響はけっして小さくはありませんが、実際授業を行ううえでの課題はほかにも存在すると思っています。それは性教育に付随する恥ずかしさです。

　性教育における恥ずかしさについて反橋（2018）は、「生徒が感じる恥ずかしさは、授業における真面目な話がポルノグラフィ的に意味づけられるために生じる羞恥である。生徒が羞恥を催すと、授業に反応を示さなくなる」と述べており、また男女共習の場合、女子生徒によりその反応が見られるようです。要するに、性教育の時間に発言することで、エロティックな評価をされないか心配しているのです。たしかに普段の授業では活発に発言する生徒も、性教育になると下を向き発言しなくなるように感じます。この恥ずかしさを解決していかなければ、いくら体系的な指導が構築されても、生徒の様子は変わっていくことはありません。

　そこで、性教育に付随する恥ずかしさを取り除くため、ICTをうまく活用できないかと考え、授業を行いました。

実践報告

保健体育の授業形態

　体育に比べて授業時間数の少ない保健では、ただ一方的に教え込む受動的な授業ではなく、ジグソー法を用いたアクティブラーニングを日頃から行っています。そのため、生徒は一人ひとりで教科書や資料から大事なポイントをまとめることに慣れています。

アプリを活用した性知識の定着

　中学1年生では、まず思春期における生殖器の発育および生殖機能の発達を学習します。この授業の前半では個人でノートに教科書をまとめる時間を設け、後半はQuizlet liveという学習ゲームを活用し、知識の定着を図りました。

　Quizlet liveとは、教師があらかじめQuizlet（https://quizlet.com/ja）のアプリ内で作

成した問題を、チーム対抗で解答していくゲームです。チームは参加者内でランダムに形成され、協力し合わないと勝てない仕組みになっています。このゲームを活用することで、個々でインプットした知識をグループ内でアウトプットする時間が確保できます。またゲームの様子を見ていても、男女関係なく対話が生まれており、恥ずかしがって消極的な生徒も少ない印象を受けました。これは学習ゲームを活用したことで、ポルノグラフィ的な意味づけがなく取り組むことができたからだと思います。

ICTの匿名性と情報共有

1年生では上記のほかに、思春期における性意識の変化と向き合い方、性情報への対処について学びます。生徒には真剣に取り組んでほしかったため、テストと同じ座席配置で授業に取り組んでもらいました。

中学1年生は、性的なことへの関心も高まる時期で、クラス内でも多様な考え方、とらえ方があります。そのため、友だちの意見を用いるほうがより身近にとらえることができ、学びにつながるのではないかと考えました。しかし、授業でそういった意見を出してもらうのは難しいので、ロイロノート（https://n.loilo.tv/ja/）というアプリを活用しました。

ロイロノートはプレゼンテーション資料を簡単に作ることができたり、教師から質問の配布、答案の回収が瞬時にできる教育支援アプリです。生徒が恥ずかしさを感じて答えづらい問いかけも、匿名で全員が回答することで、生徒の本当の声を聞くことができました。意見に対して面白がった発言もありましたが、そこからLGBTAQ（A＝Asexual：無性愛者、Q＝Questioning：未定者については口頭で説明）など「性の多様性」に関する知識を教えていきました。

また、「性情報の取り扱いに留意すること」については、各自作成したスライドをもとに意見交流を行う時間をとり、学びを深める時間を設定しました。

まとめ

性教育が大切なのは生徒たちもきっとわかっている。では、どうすればよりよい学びにつながるのだろうか。このような思いから今回「性教育×ICT」の授業を行いました。主観ではありますが、生徒の恥ずかしさを軽減することはできたと思っております。また、性教育とICTの親和性が非常に高いとも感じました。

生徒が学びをより深めていけるよう、今後も継続して取り組んでいきたいと思っています。

《引用文献》
橋本紀子・篠原久枝・田代美江子・鈴木幸子・広瀬裕子・池谷壽夫…森岡真梨．(2011)．日本の中学生における性教育の現状と課題．教育とジェンダー研究, 9, 3-20.
日本性教育協会（編）．(2013)．「若者の性」白書――第7回青少年の性行動全国調査報告――．小学館．
反橋一憲．(2018)．「恥ずかしさ」に着目した性教育の課題――保健体育科教員へのインタビューデータを用いた探索的考察――．早稲田大学大学院教育学研究科紀要, 26, 81-91.

2-2 中学校卒業時に伝えたい「ライフプランの中の性」

和歌山大学教育学部附属中学校　花野真弓

はじめに

感染症発生動向調査（国立感染症研究所，2018）によると、性感染症の報告者数は減少傾向にある一方、梅毒の流行や、性感染症の口腔・咽頭への感染ほか、新たな課題も指摘されています。メディアを通しては、正しい知識や情報は「性」という単語だけでブロックされてしまい、それをすり抜ける不適切な情報は中学生でも多く受け取れる環境にあるように感じています。中学校の保健体育科の中で、第二

図2-1　保健特別授業の様子

次性徴・性感染症は扱われ、附属中学校でも保健体育科の教師が授業を行っています。それらの復習を含め、卒業を目前に控えた中学3年生に「ライフプランの中の性」として妊娠や性感染症に触れ、養護教諭として直接、生徒たちと一緒に考え、正しい知識を伝え、語りかける機会をもちました（図2-1）。

「自分自身のライフプラン」

一つ目の目標は「今までの自分自身を省み、今後どのような将来を描き、歩みたいか考える」です。

まずは、養護教諭自身の人生を簡単なグラフにして紹介します（横軸を年齢、縦軸を満足度で示す）。今までの人生の中で悲しくて沈んだできごと、それらをどのように乗り越え今に至っているか、そして今後の目標や生きる姿勢を伝えます。その後、生徒一人ひとりが自分自身の人生をグラフ化し、今までの人生を見つめ直し、今後どのような人生を送りたいか考えるワークを行います。将来どのようなことが待っているか、実現したい理想・夢を含め自分の人生に見通しをもち、そのために今をしっかり生きてほしいという願いを込めました。

「妊孕力（にんようりょく）と性感染症」

二つ目の目標は「妊孕力を知り、望まない妊娠や性感染症についての知識を高める」です。

妊孕力という言葉を紹介し、自分自身に子どもを産む能力が備わってきていることを意識させます。一つ目の目標で描いたライフプランには、何歳頃に結婚して何歳頃子どもを産むと記している生徒もたくさんいます。こうして望んだ妊娠は人生の大きな喜びとなるが、自立をしていない時期の不用意なセックスによる準備のできていない望まない妊娠は、ライフプランに大きな影を落とし、理想とする人生を歩めなくなることを伝えます。また、性感染症についても同様に感染の予防法、種類や受診の仕方等、資料を基に説明をしました。

　今回の授業では、セックスやコンドームといった単語も使用しました。今までの授業では使われていないため、その単語や意味だけで興奮し、授業の内容や正しい知識が伝わる妨げにならないように事前に説明し配慮しました。

まとめ

　振り返り・自己評価として聞いたのは次の4点です。
1　自分自身のライフプランを考えることができたか
2　妊孕力という言葉と意味を知ることができたか
3　性感染症についての知識を高めることができたか
4　今日学んだ知識は、将来自分の行動に役立つと思うか

　できた（役立つ）・だいたいできた・あまりできなかった・できなかった、の4択回答の結果が表2−1です。すべての質問においてできた（役立つ）・だいたいできた（少し役立つ）を合わせると、

表2−1　授業理解への自己評価　　　　　　　　（％）

	できた	だいたい	あまり	できない
1	34.04	60.68	4.4	0.74
2	65.12	30.34	3.7	0.74
3	54.02	43.68	1.48	0.74
4	68.82	27.38	2.98	0.74

95％を超えています。また、自由記述には「人生について深く考えた」「性感染症にはかかりたくないので予防します」「知識をもつことが予防のポイントだと思いました」など肯定的に受け止めた感想が多く書かれ、伝えたいことが伝わっている実感がもてました。また、自分の性的指向を書いている生徒もいたため個別指導へつなげられる機会となりました。

　二つの目標に加え、望まない妊娠や性感染症は自分自身のライフプランを壊しかねないこと、性感染症は将来の妊孕力に影響があるかもしれないこと、そして正しい知識が、自分や周囲の人を助ける・守ることにつながることを伝えることができたように感じています。中学校を巣立つ希望ある生徒たちに、正しい知識を生かし、よりよい人生を歩んでほしいと願っています。

コラム③
中学生を取り巻くサブカルチャーにおける性に対する私見

1980年代から、青少年健全育成条例に基づき、18歳未満の者に有害図書を販売してはならないことになっています。このように、性表現は法的制限を受けているため、漫画やライトノベル・マイナーアニメ――いわゆるサブカルチャーの世界では、「ソフトで言い訳ができる表現でありながら、リアルな描写により性的なものを感じられる表現」が誕生し、隠匿化・先鋭化されている印象があります。

とくに青少年をターゲットにしたメディアでは変化が顕著であり、中学生が手にする雑誌でも同様の傾向があります。

社会的な情報制限のもと、青少年が性的な関心を満たすための表現媒体を選択することは健全だと考えます。しかし情報化が進む中、その規制もあいまいになっており、性に関する問題行動の低年齢化に対する防止手段を早急に講じるべきです。前述の「ソフトな性的表現により巧みに印象づける媒体」も多いため、それが、あたかもリアルであると思い込み、若者の性化行動に影響を与えていないかについても引き続き関心を払っていかなければなりません。

予防対策として、まず性的なことを忌避感なく安心して話すことができる環境が必要です。大人はただむやみに制限するのではなく、若者が「興味をもつことには寛容になりつつ会話をする」こと、「制限は自分でかける」ということに気づかせるため、繰り返しの対話が大切だと考えます。心の奥の性に関することに本人が気づくことをきっかけに、性的欲求を健全にコントロールする考えや行動、自制心が芽生えます。このような本音の話し合いは、まず学校や家族単位など小さな社会で行うことが望まれます。

しかし、家庭内では子どもの孤立化・個立化が進み、子どもとは「性的な話をしてはいけない」と勝手に思い込んだ大人や親の感覚が根強くあります。だからこそ、子どもの日常的な「心（性的嗜好性を含む）」への関わりがますます必要であると考えます。今こそ、どのように向き合うかを再考する時期になっているのだと思われます。どれだけ大人が耳を傾け理解を示すかが鍵になります。思春期の生徒理解には、「生徒の性的嗜好性を含めた理解」が含まれます。趣味趣向を理解できないと切り捨ててしまうことは、生徒の心の中を否定するのと同義といえるからです。　　（上原一弥）

コラム④
身体接触とコミュニケーション

　人と人との距離は、相手との親密度によって変わってきます。電車の席がほとんど空いていて座ろうとする場合、一人で座っている人のすぐ横には座りに行きませんよね。しかし、その人が知っている人ならば隣に座りに行くように、相手との親密度によって落ち着ける距離が異なるのです。相手と知り合うはじめの挨拶である握手や抱擁には、相手との距離を縮める大きな役割があります。でも日本人には、抱擁は少し身体接触がありすぎて、抵抗を感じる人も多いと思いますが……。

　身体接触は、相手との距離がゼロになるので、コミュニケーションを深める際にとても有効な方法で、かつ大きな力があります。母親が赤ちゃんを抱きしめ、頬ずりをすることで、安心感や安らぎを与えたり、夫婦や恋人の間では、不安や孤独感を癒したり、言葉以上に愛を伝えたりすることができます。まだよく知り合っていない２人においても、少しの身体接触をともなうゲームや自己紹介などが、距離を近づけてくれます。新しいクラスや研修会のはじめに、実施するアイスブレイクがまさにこれです。

　肌と肌が触れ合うことで、お互いの心の壁が取り払われ、コミュニケーションが深まっていきます。つまり、身体と身体が接触するというだけではなく、身体を通して心に触れることができるようです。さらに、身体接触の方法で伝える心や気持ちも、変わってきます。悲しいときや落ち込んでいるときは、弱い優しい刺激で、そっと肩に手を掛けてもらったり抱かれたりすると心が癒されます。励まし元気づけるなら、手で肩をトントンと叩いたり背中をなでたりします。喜びや感動を互いに分かち合うときは、強く相手の手を握ったり力強く抱擁したりします。思いは言葉だけでなく、行動もあわせることによって、より効果的に伝えることができます。

　しかし、身体接触をともなうコミュニケーションは効果的ではあるものの、なかなかデリケートで難しい一面を持ち合わせています。昨今では、教師が生徒の身体に触れることはセクシャルハラスメントだといわれるように、安易な身体接触は問題になってしまいます。本当は触れたい、触れられたいという欲求があるものの、それを簡単にはできない社会規範や文化的制約も存在しています。それでも、相手との適切な距離感を養い、相手とのコミュニケーションを深めていくためにも、肌と肌が接触するような遊びや運動は欠かせないものです。触れ合うことを禁止するのではなく、適切な肌の触れ合いを学んでいってもらいたいと願います。"手"は口ほどにものを言いますし、肌が合わないともいうように、身体接触はコミュニケーションの究極の形だと考えます。

(矢野　勝)

ミニ総括②

　思春期の真っただ中である中学生期において、子どもたちの身体は第二次性徴により急激に変化します。子どもたちは性に関する興味関心が強くなる一方で、自我確立への不安を募らせることも多くなります。性に関わる問題は誰にも起こり得る問題ですが、心の状態が不安定な中学生に対して性について学ばせるのは容易なことではなく、教材や指導法等の周到な工夫が必要です。

　2015年に国連で採択されたSDGs（持続可能な開発目標）の一つとして掲げられている「ジェンダー平等を実現しよう」は、社会における性の平等性実現を目指すものです。日本はこの点で国際的に大きな遅れをとっているといえるでしょう。早急な改善には、適切な性教育をはじめとして学校教育が果たす役割が大きいといえます。

　中学校における性教育は、学級活動（特別活動）や道徳科における学習が要となると考えます。保健体育をはじめ、理科、家庭において科学的内容を扱うとともに、他教科において社会的・文化的な側面に触れることが可能です。新学習指導要領では、よりよい地域社会の実現につながる学校教育であるようにとの理念から、「社会に開かれた教育課程」というキーワードが示されました。

　和歌山大学教育学部附属中学校の研究テーマは「学びをつなぐ」です。生徒が学び合い、教師が学び合い、生徒と教師が学び合う学校文化の醸成を目指しています。また、学習内容や学び方のつながりを重視してカリキュラム・マネジメントを進めることによって、人権や環境をはじめとしたさまざまな問題解決につながる学力の向上を図っています。

　本章では、最近の実践事例から、思春期の中学生が取り組みやすいようにタブレット端末を活用した教科学習と、養護教諭によるライフプランの授業事例を紹介しました。前者は、学校全体で進めているICT活用研究成果を活用した試みであり、後者は教員が連携して各教科等の学習をつなぐ試みといえます。

（福田修武）

3章 附属特別支援学校高等部における取り組み

【概説】多様な青年期における性教育

　高等学校教科書から性教育に関連した内容を振り返ることで、発達年齢に応じた学習を明確にします。ただし、特別支援学校では特定の教科書がないため、同年代の生徒が学ぶ教科書を参考にするなど教材を工夫します。

　多様な青年期の学校教育における「性」に関する知識の習得の機会として、高等学校では家庭科と保健体育での学習があります。

家庭科での性教育関連キーワード
「リプロダクティブヘルス・ライツ」（性と生殖に関する健康と権利）
　性や子どもを産み育てることに関するすべてにおいて、身体的・精神的・社会的に良好で、自分らしく生きられる権利。
「受精することの神秘」
　卵子と精子が合体した受精卵が子宮内膜で着床することで妊娠が始まる。
　ほかに、デートDV、人権など家族に関係して性が扱われるのが特徴です。

保健体育科での性教育関連キーワード
「性への関心・欲求と性行動」
1. 性意識には男女で差がある
2. 不正確な情報に惑わされない
　（性知識・性情報の入手方法〈複数回答〉によると、性知識の入手方法は友だち、先輩からが男女ともに55％以上、学校の先生や授業からは男性20％以下、女性40％以下）
「母体の健康を維持しよう」
　胎児を守る母体の役割
　受精・妊娠の過程は、一般的に女性の生殖器の内部で進行します。
　ほかに、生殖器、性感染症、避妊法、人工妊娠中絶など、身体的な健康に関連して性が扱われるのが特徴です。

《引用文献》
文部科学省検定済教科書. (2019). 新家庭基礎──主体的に人生をつくる──. 大修館書店.
文部科学省検定済教科書. (2019). 最新高等保健体育［改訂版］. 大修館書店. 9

3-1 知的障害のある生徒の性に関する個別指導の実践

和歌山大学教育学部附属特別支援学校　鶴岡尚子

はじめに

　附属特別支援学校の生徒たちも、生活年齢相当の性への関心や憧れをもっています。ドラマやアダルト動画等、メディアから露骨な情報にさらされ、それらの影響を強く受けている様子もうかがえます。これは生徒たちに、性に関する知識や社会的な規範の認識が乏しかったり、情報が正しいかどうかの判断が難しかったりする実態から、メディアや仲間の影響を受けやすいためと考えられます。そして、結果的に社会規範に反する行動をとってしまうこともあります。

　こうした現状を踏まえたとき、私たち教師は、生徒たちが生涯にわたって性暴力の被害者にならず、加害者にもならない、そして恋愛や結婚、出産、育児等、人生で性的な課題に向き合ったとき、より幸せな選択を自己決定できるようになってほしいと願っています。そのために、生徒たちの卒業後の生活場面での性の安全も保障できるような教育を考え、集団での指導と個別指導を試行錯誤しながら実践中です。ここでは、一人ひとりの特性に応じた指導を行うための個別指導用のオリジナル教材冊子「パスポート」について述べます。

性のトラブルを予防する視点で指導を行う

　「パスポート」を作成するにあたり、生徒、教師、保護者等のニーズの視点から内容を考えました。ほかにも性加害者への再犯防止や、性被害者への再被害防止を目的としたプログラムを参考にしました。この「パスポート」を用いた指導の対象となるのは、必ずしも性被害、性加害の経験がある生徒ではありませんが、これらを参考にしたのは、本校の

図3－1　教育冊子「パスポート」

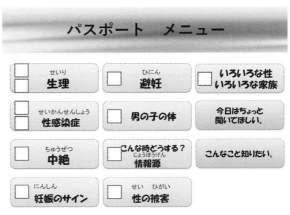

図3－2　「パスポート」のメニュー

生徒の特徴と、文献に見られる性被害者・加害者の特性や考え方に類似する部分が見られたからです。加えて、児童福祉施設の心理専門家からも話を聞き、そこで得られた専門家の提案も取り入れています。そして内容は固定するのではなく、指導の中で生徒から出てきた質問や、見えてきた課題等から随時追加したり修正を加えたりしています（図3-1、図3-2）。

重要なのは、「パスポート」はけっして完成したものでなく、実態に応じて内容を改訂していくことを前提としたものであるということです。現時点では主に以下の内容で構成しています。

〈境界線のルール〉〈妊娠のサイン〉〈性感染症〉〈生理のこと〉〈男性の身体〉〈性の被害と加害〉〈避妊〉〈人工妊娠中絶〉〈性の情報源〉〈いろいろな性と家族〉

いざというときのために相談へのハードルを下げる

生徒たちは性について語ることをいけないことだと思っている場合が多いため、素直に自分の気持ちを言えないことがあります。また、親や教師に叱られることを恐れるために嘘をついてしまうこともあります。このような様子を見せた生徒たちに対して養護教諭は、「性のことは話してもいい。困ったときは大人を頼っていい」というメッセージを伝えることを重要視しながら関わっています。こうすることで、養護教諭と性に関する話ができる「安全な関係」を築くことにつなげます。こうした関係性を築くことは、将来困ったときに一人で悩み続けるのではなく、信頼できる誰かに相談できるように、相談へのハードルを下げておく土台になると期待しています。

まとめ

この取り組みにおいては、「パスポート」の内容を網羅することが性に関する指導の終了を意味するものではないことを強調しておきます。「パスポート」はあくまで指導のための一つのツールであって、これを利用しながら生徒の性に関する考え方を理解し、課題を把握し、目標に焦点化していくためのものです。こうすることで、「パスポート」を用いた指導が個別化され、一人ひとりの特性に応じた性の指導プログラムになると考えています。今後は、指導効果の把握、集団への指導との連携の方法を明確にすることなどを課題とし、実践を積み重ねていきます。

3-2 性について語り合える関係性の構築

和歌山大学教育学部附属特別支援学校　北岡大輔

はじめに

　特別支援学校高等部では、軽度の知的障害や発達障害のある生徒が増加傾向にあります。このような生徒の多くは性に関する事柄についてもさまざまな困り感を示していることが少なくありません。具体的には次のような三つのケースがよく見られます。

　一つ目は、生徒が性に関係するいじめなど、過去に何らかの性被害を経験してきているケースです。二つ目は、生徒が性とは「よくないものである」というとらえ方をしているケースです。三つ目は性がもつ意味をうまく理解しきれないまま、安易に性をからかいの対象としてしまったり、自分の欲求のみに基づいて行動してしまったりしているケースです。

　このような生徒が抱える課題に対して性の学習を進めていくにあたっては、性というものを隠すのではなく、からかいの対象としてバカにするのでもなく、自分たちが生きていくうえで大切なものであることを理解できるようにすること、そして一人ひとりが考えや悩みをきちんと言葉にし、安心して話し合えるような経験を積み重ねていくことが大切だと感じます。

授業例（50分×4回）

①いのちの誕生

　自分たちはどうやって生まれてきたのか、助産師さんから話をしてもらいました。自分の命は2兆個の精子と500個の卵子のうちたった一つの組み合わせによって生まれた奇跡の命であること、誕生できたのは母親だけでなく自分自身の頑張りがあったからこそであることなどを教えてもらいました。生徒からは「母も自分も頑張って生まれてきたんだから、自分の命は大切にしたい」などの感想が……。

　日頃から気になっているけど、ちょっと先生に聞くのは恥ずかしいなぁと思うことは、こっそり助産師さんに質問もしたり……。「好きな人が2人いるのはおかしいのかな」など、なかなか身近な人には聞きにくいですよね。

②さまざまな性

　一言で性といっても、さまざまなとらえ方があります。生物学的な性、社会的・文化的な性だけではなく、最近は自分の生き方としての性、すなわちアイデンティティとしての性も次第に認知されるようになってきています。しかし、男性なのにピンク色の服を着ているなど、自分がもつ性イメージと異なることをしている人を見ると、ついからかってしまいがちです。

この授業では「かわいらしい」「野球選手」など、無意識に男女差を意識してしまうような言葉のカードをたくさん用意し、あえて男性を表すもの、女性を表すものにみんなで分けてみます。「かわいらしいのは女の人かな」「野球選手といえば男の人だな」「……ん、でもちょっと待てよ、何だか分けきれない」「自分は男だけど、女性のほうに分けたものも当てはまるな……」と、いろいろな疑問が浮かんできます。自分には自分、人には人のさまざまな性のかたちがあることに気づけたでしょうか。

③第二次性徴って？

　少しずつ身体が変化してくることは、誰しも何だか恥ずかしい感覚があります。しかし、第二次性徴は新しい命を生み出すための大切な身体の準備です。恥ずかしいな、自分は変なのかな、という率直な気持ちを受け止めながら、でも、第二次性徴の正体を知ることで安心できる部分もたくさんあります。

　また、意外と気づきにくいのは第二次性徴にともなう心の変化です。「最近、悩みが多くなってきた気がする」「人と比べて、自分はなんだか不細工な気がする」「異性のことが気になるなぁ」など、みんなそれぞれ、でも同じようなことを悩んでいたんですね。

④自分の心とうまく付き合っていくために

　好きな人に触れたいな、何だかエッチな気持ちになってしまう……。こんな気持ちも新しい命をつないでいくため、そして、大切な人との愛情を育んでいくためのとっても大切な気持ちです。そして、人は他の動物とは違い、本能としての性欲をきちんとコントロールすることができる大脳新皮質が発達しています。

　普段からどのように自分の性衝動をコントロールしているのか、それが難しくなるのはどのようなときか、よくないと感じることをきちんと断るにはどうすればよいのか、みんなで真剣に話し合いました。人だけがもつ、考えて判断する力をしっかりと使える人になっていきたいですね。

まとめ

　紹介した授業例は一貫して、自分たちが考えていること、感じていること、悩みなどを安心して言葉にできる環境を整えることを大切にしています。教師から一方的に伝えられるだけでは受け入れ難かったり、他人事になってしまったりします。一方、自分の考えを友だちが大切に受け止めてくれた実感、それぞれが考えていることを共有し合えた経験は、自分がこれから性をどのように扱っていくかを考えていくための土台となります。

　「ついやってしまった」ということはなかなかなくなりません。ですがそのつど、そのことを悩みや戸惑いとして言葉にし、相談し合えることが今後につながる大切な力であるように思います。

ミニ総括③

　知的障害のある子どもたちを教育する特別支援学校の性教育を見てみますと、学年が同じでも知的発達が一人ひとり違ったり、机上での学習の理解が苦手であったりすることから、一斉指導ではなく、一人ひとりの実態に応じた指導を個別にしていることがよく見られます。女の子には手順を示しながら具体的に月経指導をする、性的な問題行動がある子どもにはその行動を減少またはなくすために指導をするといったことが多くあります。

　しかし、このような対処的な指導だけでなく、正しい性に関する知識を幼い頃から教えることが大切だと思います。身体をきれいに洗う、プライベートゾーンは人前では見せない、友だちの身体をむやみやたらに触らない……。年齢が低い頃は、このように普段の生活の中から活動を通して指導します。この基礎がとても大切となります。

　男の子の身体のこと、女の子の身体のこと、第二次性徴の身体の変化、異性との付き合い方など、子どもの実態や生活年齢に応じて、指導をしていきます。そうすることで、正しい性に関する知識を身につけることができます。

　現在は、インターネットから性に関する情報を簡単に手に入れることができます。子どもたちがそれらを見ることで、誤った理解をし、問題行動につながっていることも見られます。そのようになる前に、子どもたちが早い段階から正しい知識を身につけていることが大切となります。子どもたちには、何がよくて、何が悪いのかといったことを、幼い頃から一つずつていねいにきちんと教えていくことが大切です。時には個別で、時には集団で、系統的な性教育に、特別支援学校でも取り組むことを期待します。

（一ツ田啓之）

4章 大学教員による性に関わる提言

【概説】ジェンダーアイデンティティと青年期課題

　大学における性教育については、とくに教科書があるわけでもなく、必修で学ばなければならない教育課程が含まれているわけでもありません。つまり教員により異なる幅広い教育内容となり得ます。青年期は、「自分とは何か」「自分らしさとは何か」という自分のアイデンティティに関わる人生の深遠な問いとともに、生きることと関連して、自分自身（と時には他者）の性に関わる事柄（性的興味・関心・表現・嗜好性・多様性等）に気づき、悩み、戸惑ったりする時期でもあります。加えてジェンダーアイデンティティ確立時期のさまざまな葛藤があります。そのような時期に、自分自身が自分の一番の理解者となり自己を受容し、信頼できる他者（ALLY—アライ—：味方の意味。性的マイノリティ当事者でない人で、当事者を理解し支援するという考え方・立場を明確にしている人のこと）から理解され受容されるなら、青年期は輝きを増すに違いありません。

　大学生と関わる和歌山大学の教員が、それぞれの研究分野との関連から多様な性に関わる論考を身近な ALLY として寄稿しています。

　大学における性教育のあり方（森）、エリクソンの発達論から見た青年期課題について（林）、知的障害の生徒への性に関する支援（三反田）、ジェンダー論（西倉）、大学内での包摂社会実現のための研究ユニットの活動（ソーシャルインクルージョン研究ユニット）、教員養成の授業から垣間見えた大学生の「性」の課題（土佐）、性的虐待被害者への支援（藤田）、精神障害者の性に関わるライフイベント支援（岩谷）、思春期の性の受容とケア（則定）が描かれています。

4-1 高等教育機関における包括的性教育

和歌山大学障がい学生支援部門　森 麻友子

はじめに

　高等教育では、高度な知識だけでなく、自他の生命や人権を尊重しながら社会でどのように生きていくのか、自分なりの意思決定と適切な行動選択ができるよう教養を身につけることも大切です。それは包括的性教育の概念（浅井ら，2018）と深く関わっています。

　国際的に見ると、今日の性教育は、Sex Education から Sexuality Education へと移行しています（橋本ら，2018）。セクシュアリティを「人格と人格のふれあいのすべてを包含するような幅広い性概念」（渡辺，2018）としてとらえ、包括的性教育では、性器や生殖といった生物学的な側面や、性に関わるリスクを断片的に学ぶ従来の性教育とは異なり、家族、友人、恋人などの他者との人間的なつながりも含め、統合的に健康的な性についても学んでいきます。また、知識やスキルだけでなく、態度や価値観を身につけることも大切だと考えられています。

若者の性行動の現状について

　学生へ性の学びを提供するために、教職員は今日の若者の性行動をまず理解する必要があります。日本性教育協会（2013）の「青少年の性行動全国調査」（以下、調査）では、「性的関心」や「性行動の経験率」が低下し、恋愛や性行動に消極的で、性行動の不活発化が指摘されています。また、思春期に性の衝動性を受け入れていくうえで、同世代の友人と性的関心を共有することは大切なことですが、平成11年以降、中・高・大学生とも、「友人との性の会話」が減少しています。さらに、平成23年の「学校で教わった内容」の項目を見ると、大学生で「自慰」38.7％、「恋愛」29.4％と、「妊娠のしくみ」90.2％、「避妊」81.3％、「性感染症」91％等、他の11項目に比べ低いのが特徴的です。「自慰」行為の適切な知識の不足は、性への罪悪感などが強調されるリスクにもつながります。また、「恋愛」を学ぶことは、健康的な性の側面からパートナーシップを考えるよい機会となり得るため、今後の課題と考えられます。

性教育を提供する場と方法

　高等教育機関では、性への理解が個人で大きく異なるため、集団と個別に分けて性教育を提供することが望ましいように思います。たとえば、集団の場では、多くの大学で開講している「学生生活の危機管理」といった教養授業が考えられます。本学では、全学部全学年を対象に複数の教員や外部講師による半期15回の授業が展開され、性教育に関連したテーマも扱います。平成30年度は、県警による「ストーカーの被害者にも加害者にも

ならないために」、弁護士による「ハラスメントについて」、本学の医師による「心身のヘルスケア」、本学の教員による「安全で快適なネット活用」など、生涯にわたって健全な社会生活を送るための知識や知恵を学ぶ場となっています。

また、本学経済学部の「ソーシャル・インクルージョン」研究ユニット（詳しくは58頁参照）が、人権、LGBT、ハラスメントなどをテーマに講演会やシンポジウムを開催しており、包括的性教育とけっして無関係ではありません。異なる専門をもつ大学教員が集う環境は高等教育機関ならではといえるかもしれません。その他、入学時には、保健センターが感染症に関するハンドブックを配布しています。

保健体育などの授業を利用し、性感染症などを学ぶ機会をつくっている大学もあります。他大学における興味深い取り組みとしては、広島大学保健管理センターが、公開講座として「恋愛と性の講座」を平成15～22年度に年6回程度開催しています。性感染症、セックス、多様なセクシュアリティ、恋愛などテーマは多岐にわたります（松山ら，2012）。

個別の場では、学生相談室、保健センターや学生支援課など学生相談のある機関が性教育の多くを担っています。家族関係、友人関係、異性関係、セクシュアルハラスメント、性的志向、性自認、性暴力、妊娠などについて、医師、臨床心理士やソーシャルワーカー等の専門家が、問題や課題に対応しながら、学生とともに考えていく、まさに学生を中心とした性の学びの場です。しかしながら、このような悩みがあっても、どこに相談したらよいのかわからず、来談しない学生が多いのも現状でしょう。平成23年の調査の「学校で教わった内容」に関して、「性の相談窓口」の項目は大学生で35.7％と低い結果でした。「相談できる窓口」の広報や利用方法の明示といった環境の整備は、喫緊の課題といえます。

まとめ

性は「生きる」ことと直接深く関わっており、包括的性教育は社会で生きていくために必要不可欠の学びです。幼少期から大人まで包括的に性をとらえる視点をもちながら、学生中心の学びを提供するために、今後、さまざまな分野の専門家が関わりながら、学際的に性教育を発展させていくことが期待されます。

《引用文献》
浅井春夫・艮香織・鶴田敦子（編）．(2018)．性教育はどうして必要なんだろう？――包括的性教育をすすめるための50のQ&A――．大月書店．
橋本紀子・池谷壽夫・田代美江子（編著）．(2018)．教科書にみる世界の性教育．かもがわ出版．
松山まり子・日山亨・石原令子・杉原美由紀・國廣加奈美・山手紫緒…吉原正治．(2012)．大学における性教育を考える（第4報）．総合保健科学：広島大学保健管理センター研究論文集, 28, 51-59.
日本性教育協会（編）．(2013)．「若者の性」白書――第7回青少年の性行動全国調査報告――．小学館．
渡辺研．(2018)．学校における性教育はなぜ必要か，どう進めていくか．月刊教育ジャーナル, 11月号, 30-36. 学習研究社．

4-2 エリクソンの自我発達論から見た「青年期」の課題

和歌山大学教育学部　林　修

はじめに

思春期、青年期では、心身が著しく成長発達する中で心理的・社会的な要因で悩むことが多くあります。本節では、右肩上がりのライフステージを図式化したE・H・エリクソンの自我発達論から、青年期における性教育のあり方を考えてみたいと思います。

エリクソンの自我発達論にみる青年期の葛藤

エリクソン（1982）は人生を、乳児期、幼児期初期、遊戯期、学童期、青年期、前成人期、成人期、老年期の8つのライフステージに分けました。そのうえで、各ライフステージにおいて自己と環境との間で生じる葛藤を乗り越えることで自我の発達が促されると考えたのです。青年期では「（自我）同一性と（自我）同一性混乱」の葛藤が生じ、その葛藤を乗り越える、もしくは乗り越えた結果として「忠誠」という人格的活力[※1]が獲得されるとしています。

要点①　社会的関係を育てる

エリクソン（1971）は、「自分が他人によって動かされながら、同時に他人を動かし、自分のもつ個性によって他人を動かしながら、同時に他人のもつ人間的個性によって自分が影響される」といい、自我形成において社会的関係の重要性を指摘しています。このように青年期は、社交を好み仲間をつくりますが、その一方で、孤独に対し抑えがたい憧れをもっている時期でもあります。それだけに、他者との友好的関係性が重視されることになります。たとえば部活動に熱中し、指導者や仲間への忠誠を何よりも大切にする姿などです。逆に、こうした指導者や仲間との関係を築けなかった場合には、不安や劣等感が湧き上がり、「自我同一性の混乱」を引き起こしてしまうことも考えられます。

要点②　内的な斉一性と連続性を大切にする

アイデンティティには二面性があります。すなわち、「IDカード」に代表されるような社会から認められた「○○としてのわたし（自）」と、これまでの人生で培った連続性をもった「○○であるわたし（我）」です。これら両者の間に葛藤が生まれます。エリクソンは後者の「わたし（我）」に見る内的な斉一性と連続性を重視しています。これは、わたしの過去と現在（いま、ここ）をつなぐことです。ここに現れる個人の生き方を大切にすることが必要です。片岡（1999）はこうした過去と現在をつなぐことで生まれる感覚を「現実感覚」と呼び、ここにはまわりの人へ「感謝」が生まれると指摘しています。

要点③　欲動（エス）を始発点とする

　エリクソン（1973）は「自我の全面的な課題とは、最も簡単に表現すれば、消極的なるものを積極的なるものに変えること、すなわち、欲動（エス）や超自我（崇高な自分）の禁止命令を主体的な意欲に変えることにある」としています。ここには、自他ともに欲動（エス）や超自我（崇高な自分）の存在を否定したり、悪としてとらえたりするのではなく、それらを自我発達に積極的に活かそうとする意図が読み取れます。

　また、青年期までに培った「○○であるわたし（我）」は、肯定的な面だけでなく、否定的な側面も包含しています。すなわち自我とは、否定的なものを含むすべての同一化（自分にとって重要な影響力を有する一体感または同一視）であり、長所も欠点も包み込む自己像といえます。それゆえ、青年期の子どもと向き合う親（大人）が受容的な態度をもつことが必要となります。青年期において性の成熟は、親子関係に質的変化をもたらすことにもなります。つまり、青年は「性的に成熟した新しい身体の主」（服部, 2000）として親から離れ、心理・社会的に「自我同一性」を確立し、独立していくのです。その一方で青年は、内に秘めた否定的な自分を親に投影し、攻撃的な言動を見せることがあります。このとき親（大人）には、青年のこうした批判や攻撃的な言動を冷静に受け止め、その理由を知ろうとする受容態度が必要です。親（大人）が冷静に向き合うとき、青年は自己に目を向けるゆとりが生まれることになります。このことから、青年の欲動（エス）を性教育の始点に位置づける必要があると考えられます。

まとめ

　エリクソンの自我発達論から青年期の性教育について再考すると、青年を取り巻く仲間づくり、学童期までに培ってきた過去と現在（いま、ここ）をつなぐこと、さらには青年期の欲動（エス）から目を背けるのではなく、これを性教育の始点に据えて取り組むことの必要性が浮き彫りになりました。

※1　「人格的活力」は virtue の訳語であり、これは vitality の語源とされています。エリクソンはこの語に力強さ、生殖力という意味も込めて用いています。

《引用文献》
エリクソン，E. H.（1971）．（鑪幹八郎訳, 1971）．洞察と責任――精神分析の臨床と倫理――, p. 166. 誠信書房.
エリクソン，E. H.（1973）．（岩瀬庸理訳, 1982）．アイデンティティ――青年と危機――, p. 30. 金沢文庫.
エリクソン，E. H.（1982）．（村瀬孝雄・近藤邦夫訳, 2001）．ライフサイクル、その完結, p. 73. みすず書房.
服部祥子．（2000）．生涯人間発達論――人間への深い理解と愛情を育むために――, p. 83. 医学書院.
片岡暁夫．（1999）．新・体育学の探究――「生きる力」の基礎づけ――, pp. 59-162. 不昧堂出版.

4-3 知的障害の生徒・保護者に対する性教育について

元和歌山大学教育・地域支援部門　三反田和人

はじめに

　性教育は、学校教育の中でも難しい領域といわれます。若い頃、和歌山県内の養護学校（現在の特別支援学校）の同年代の先生方と一緒に「性」に関する勉強会を立ち上げ、さまざまな議論を交わした記憶があります。その際、「性」という漢字の成り立ちから、「心」が「生きる」教育として取り組む必要性に注目しました。また、性教育の先進校や和歌山県で「生教育」として実践している様子も見学に行き見聞を広めました。知的障害の生徒に対する性教育といえば、どうしても月経や生殖器、自慰行為や性行為等をどう教えるかに視点が向きがちですが、このように「心が生きる」「生きるうえでの大切な教育」と位置づければ、望まれる指導の基軸が見えてくるかもしれません。

　「性」に関する内容は、もっともプライベートな要素を含むものとして、家庭ですら親から子どもへの指導がなされにくいものでもあります。親としても「恥ずかしい」との思いが前面に出てしまいます。しかしこの「恥ずかしさ」こそが、知的障害の生徒が理解しにくい抽象的な内容となり、指導内容や指導方法に行き詰まるといった事態が生じる原因なのかもしれません。この「恥ずかしさ」を、指導の際に何度も教師から伝えること、恥ずかしさを肯定的にとらえることが、今後の具体的な指導を行う伏線となり、効果的な性教育において大切なことと考えます。

「心」が「生きる」教育

　和歌山県内の特別支援学校には、性教育を文字どおり「生教育」と題してよりよく生きるための教育を実践している学校があります。日常の生活指導に関する内容を含め、清潔や安全、対人関係の構築や異性に対する尊重といった内容から指導を始める取り組みを行っています。いわゆる「性」に特化した内容ではなく、人として生きるために必要な教育の内容として、学校生活そのもので総合的に指導すべき内容と位置づけているのです。

　生徒の障害特性によっては、教師が自分自身を丸ごと受け入れてくれているかに敏感にこだわり、教師の発問に対して「自分の答えが間違っていないか」との思いばかりが強くなる場合があります。そこで教師側の「間違っても大丈夫だよ」という気持ちの受容こそが、信頼関係や、生徒の自己有用性や自己肯定感につながっていきます。とくに中学校から特別支援学校に進学した生徒の中には、小学校時代に「できない子、わからない子」と思われ、劣等感が強い場合もあるといった背景をよく理解し、「なるほど」と相槌を打つ、「難しい質問だからわからなくても当たり前なのに、よい答えを導き出した」と伝える、などの温かい対応が必要です。性に関しても肯定感にあふれた授業を目指すことで、生徒

全員が授業時間の中で意欲や活動を維持できると考えます。

予防的な教育

　性事象に関わる指導としては、事後処理よりも予防という観点が重要です。しかし学校での指導については、学習指導要領に明確に記載されておらず、プライベートに関係する内容であることから、ベテランの教師でも的を射た学習内容の構成に苦慮します。一方、ルールやマナーと関連した内容として「規範意識」という観点からの指導をする場合、規範意識そのものの解釈が難しく、何をどのように指導すべきかといった基軸が確立されていないだけに、学校現場においてもっとも指導が困難な内容の一つになり得ます。

　そこで一提言として、中学校や高等学校でも教科となる「道徳」を、特別支援学校でも活用し指導に活かすことを検討してみてはどうでしょうか。道徳教科化の背景には、心の歪みや道徳心の欠如に関連し、社会の一員として周囲への配慮やマナー・モラルを再認識させるという意図があります。自分を大切にすれば周囲への気遣いが生じるとともに、よく生きる自分自身を考えさせる契機につながります。ただし、道徳の指導に関する概念が指導者個々によって開きがあり、指導すべき内容や領域が広く、何をどのように指導すべきか逡巡することには留意が必要です。

まとめ

　教育では「環境」が重要な要因にあげられ、もっとも大きな環境要因は教師自身といわれます。教師の言動や人と接する態度そのものが、子どもにとっては大切な教材となりますが、家庭ではどうでしょうか。もちろん父親や母親の存在が「家庭学習」での大きな教材になります。当然のことですが、性教育に関しては生きることに関連し、一方的に教え込む内容でもありません。なりたい自分を考えさせることで、どのような力を獲得できるかとともに、自分の周囲に存在する他者への意識を高めることが大きな目標になると考えます。こうした内容は各家庭における生活そのものが「学びの具現」としてとらえることができます。女の子にとって母親はこれから自分が目指すべき「理想の姿」、男の子にとっては父親がそれにあたるかもしれません。両親が互いを尊重し合う関係を構築すること、家庭で自身の役割を意識し夫婦であっても互いに気遣う関係を日常的に実践する中で、子どもにとってもっとも身近で自分自身のなりたい姿を目にすることができます。

　自分自身も大切に感じるとともに、友人への配慮、社会的なルールやマナーを交え、人として生きるうえで大切なエッセンスの柱として「性」に関する知識を得るという大切な学びを意識させていきたいと考えています。

4-4 大学でジェンダー論を学ぶ意義

和歌山大学教育学部　西倉実季

はじめに

　大学で授業をしていると、近年では性役割（らしさ）の押しつけなど存在しないにもかかわらず、「男とか女とか、性別にこだわるジェンダー論は古い」といった学生の反応に遭遇することがあります。とりわけ恋愛や性は私的な領域に属するものと考えられているため、そこに社会的なジェンダーの作用があることが気づかれにくいようです。学生たちが思い込みを捨て、恋愛や性行動とジェンダーとの密接な関係を探っていくうえで、社会調査を利用することが効果的です。

　日本性教育協会が平成23年に実施した「青少年の性行動全国調査」（以下、「性行動調査」）によると、キスやセックスの経験のある大学生女子のうち、それを「自分から」要求したと回答したのは2％程度にすぎず、約7割は「相手から」であること（男子は「自分から」が約40％、「相手から」が約10％）、初めてのセックスを「経験してよかった」理由として、男子は自身の性的快楽の充足（「気持ちよかったから」）をあげ、女子は相手の性的快楽の充足（「相手が喜んでくれたから」）をあげる傾向があること、女子がマスターベーションを肯定する割合は、男子に比べて圧倒的に低いことがわかります。このようなデータを提示するにつれて、学生たちは、恋愛や性に関する行動には男女によって大きな違い（性差）があることを認識するようになります。

「性差」と「性役割」の区別

　ただし、こうした性差がなぜ生じるのかについて「男子のほうが女子よりも性欲が強いから」と考える学生も少なくありません。性欲の違いはあるのかもしれませんが、「性差」と「性役割」を区別することが重要です。性差とは、事実としての男女の違いを意味します。大学生男女という二つの集団間で、性欲の平均値に差があるのかを測定して初めて「男子のほうが女子よりも性欲が強い」のかどうかがわかります。これに対して性役割は、「人がその性別に応じて社会の中で期待される行為のパターン」と定義されます（加藤，2017）。性行動調査では、「男性は女性をリードするべきだ」という意見に大学生の男女とも半数以上が賛同していますが、これはまさに「男性ならこうあるべき」という期待を表しています。こうした期待の存在を踏まえると、女性がキスやセックスを自分から要求する割合の低さは、「男性はリードするべき」「女性はリードされるべき」という性役割に基づいている可能性があります。

性の二重基準

　「男女関係においては男性が主導権をとるべき」というジェンダー規範は、女性が性に

関して能動的であることを抑制する力となります。今なお、性に関する行動規範は性別によって異なっており、男性に対しては許容されることが女性に対しては許容されないという「性の二重基準（ダブルスタンダード）」があるのです。

性の二重基準によって、女性が性に関する能動性を抑制されていること、言い換えれば受動性を促進されていることは、さまざまな問題をもたらします。性行動調査では避妊を実行してない大学生男女にその理由を尋ねていますが、「避妊をいいだせないから」と回答した女子は男子の2倍以上おり、女性が受動的な立場に置かれていることがわかります。避妊をしないことは性感染症や望まない妊娠のリスクを高めるため、性的に受動的であることは、自身の健康や人生の可能性そのものを脅かしかねません。性の二重基準はまた、性暴力に対する理解を歪めています。「女性は受動的」という規範のもとでは、性行為に対する女性側の意思表示があいまいな場合や、抵抗が十分に強くなかった場合は、「合意した」と加害者に都合のよい解釈をされてしまいます。

社会学者のT・パーソンズは、概念を暗黒の中のサーチライトにたとえました。サーチライトの光が増すことで今まで見えなかった暗黒が照らし出されるように、性の二重基準という概念によって、「ジェンダーなんてもはや過去のもの」と思えた日常の中に考えるべき「問題」を見出すことができるのです。

まとめ

大学でジェンダー論を学ぶ意義は、サーチライトの光を獲得することで「自分が理不尽な目にあわない」「誰かを理不尽な目にあわせない」という2点にあると考えます。性の二重基準や性暴力をめぐるさまざまな問題について調べ、考えることは、現に理不尽な目にあっている学生が自分の状況を整理したり何らかの判断を下す助けになるでしょう。一番理不尽なのは、理不尽な目にあっているのに気がつくことができない、ということなのですから。また、実際に理不尽な目にあっている人がすぐ近くにいるとしたら、それは自分が誰かを理不尽な目にあわせる立場になるかもしれないことを意味します。自分の日常のふるまいが他者への力の行使に関わってしまう可能性やその訴えを無視してしまう可能性を考慮すれば、誰しも第三者ではあり得ないのです。

本節で触れられなかったこととして、男性や性的マイノリティの性暴力被害があります。「性暴力の被害者は女性だけ」という思い込みがあるとしたら、それも性の二重基準の一つといえるでしょう。守（2018）が指摘するように、性自認や性的指向を問わず、誰もが性暴力の被害者にも加害者にもなり得ます。多様な被害者への視点が求められます。

《引用文献》
加藤秀一．（2017）．はじめてのジェンダー論．有斐閣．
守如子．（2018）．性と暴力．風間孝・河口和也・守如子・赤枝香奈子．教養のためのセクシュアリティ・スタディーズ，pp. 102-118．法律文化社．

4-5 和歌山大学ソーシャル・インクルージョン研究ユニットの活動から

児童養護施設つつじが丘学舎　田中　存　　和歌山大学教育学部　藤田絵理子

はじめに

　和歌山大学ソーシャル・インクルージョン研究ユニットは、和歌山大学の経済学部と教育学部の教員で構成されており、経済学部を活動拠点として各種共同研究の発展を目指す研究組織です。ソーシャル・インクルージョン（社会的包摂）は、「すべての人々を孤独や孤立、排除や摩擦から援護し、健康で文化的な生活の実現につなげるよう、社会の構成員として包み支え合う」という理念です。障害者、女性や非正規雇用者、高齢者、少数民族、貧困状態にある人などマイノリティも含め、誰もが排除されない社会を目指す考え方を指しています。

大学内での包摂的社会の実現のために

　近年、社会が多様化する中で、とくにマイノリティの人々を社会がどのように包摂するべきかという問題は、経済・社会制度にとっても重要な研究課題となっています。本ユニットは、そのような課題に対して、ソーシャル・インクルージョン（社会的包摂）という観点から、さまざまな経済・社会制度に関する歴史・現状の課題点を考察していくことを目的としています。活動は平成27年度から始まり、講演会やシンポジウムを開催しています。人権、ハラスメント、発達障害およびグレーゾーンの学生に対する理解と支援、LGBTをテーマとし、教員自らが理解を深めることも目的の一つに掲げてきました。

　また、毎年５月には和歌山大学カラフルウィークと称して、和歌山大学に集うすべての学生がより自分らしく、前向きに生きることにエールを送る企画を実施しています。３回目となった令和元年度には、困難を抱える学生を含め、すべての学生に対する支援を表明する和歌山大学教職員・学生有志により作成されたメッセージパネルを、大学会館内で展示しました。多くの学生が目にすることで多様性に関しての理解、けっして一人ではないことへの啓発活動となり、気軽に相談につながる体制づくりの一助となることを願っています。

和歌山大学におけるカラフルウィークの感想

　令和になって初めてのカラフルウィークにあたり、パネル展示に関する学生の感想を、この活動に賛同する数名の教員でインタビューし、結果をまとめました。

　教育学部学生「将来教員を目指しています。小学校にスクールボランティアに行くと、いろいろな子どもがいることに気づきました。それで教員を職業にするには人間としてのさまざまな感情、子どもの多様な個性を知り理解することが必要だと思います。子ども一

人ひとりの価値観を感じ取ってあげるためには、まず自分が必要な知識をもつ、そして当事者にお会いして話を聞くなどして理解を深めることが大事だと考えます。『わからない』『知らんから、しゃあない（知らないから、しょうがない）』では済まされないことだと思うので、ぜひ今回のような情報発信の場所に自分から足を向けたいと思います。学生にとって学内で見えるようにパネルがあることで関心をもつ機会にもなります。せっかく大学が準備してくれているので、学生も自らそれをどう受け止めるのか、興味関心をもつことが大切ですし、いつかは自分も何かを発信できるようになりたいと思いました」「学内でもっと目立って開催してほしいです」。

観光学部、システム工学部の学生からは、「知らなかった、各学部に同じものが掲示してあればもっと関心をもってもらえそうです」「教員からのメッセージだけでなく、学生本人も表明したい」「もっとたくさんの人に知ってもらえたら、興味のある人はたくさんいる」「教員からのメッセージブースと、学生からのメッセージブースを分けて、学生が、委員会を立ち上げ、みんなの取り組みになってほしい」「匿名で応募できる仕組みもあると参加しやすい」「ツイッター風のやりとりもあると楽しいかもしれない」「違いを認めるイイネ！」「自分の個性を大切にしようと思いました」「こんなイベント初めて知りました」など前向きな意見がありましたが、一方で「こういうことは、あまりわからない」という意見も聞かれました。

教職員からは、「留学生の支援をする中、表立っては見えないけれども文科省も研修でLGBTを取り上げるなど、今後知っておかなければならない、配慮の必要なこと」「教員はポスターで参加するだけではなく、このイベント趣旨に協賛する教員を募り、名前を連ねるだけでも学生にとっては安心感につながるのでよい」「学生からのメッセージ欄があり、感想を書いて学生が参加する、双方向的なやり取りになりよかった」「学生が感想を記入するペンもカラフルカラーだとより楽しいですね」「このようなコール＆レスポンスの輪が広がるとよいなと思いました」などの感想が寄せられました。

まとめ

包摂的社会に向けて、さまざまな障壁に気づき理解しようと立ち止まることの大切さをあらためて認識し、教員発信のカラフルウィークの活動の継続により、来年度どんな進展があるのか、大変興味を抱きました。志を掲げる小さな働きかけが、学生理解の促進、学生自身のQOL（生活の質）を高める一助となり、大学内のダイバーシティ土壌の改良、すべてのマイノリティへの受容意識の向上につながることを願います。

4-6 性的マイノリティの学生に寄り添い学んだこと

和歌山大学教育学部　土佐いく子

はじめに

　和歌山大学で1年生に向けて「教職論」や「現代教職論B」を担当する（非常勤講師歴11年）中、毎回の授業の終わりには「一言カード」に授業への感想と質問、講義に期待することなどを記入してもらっています。それをもとに和歌山大学版「まじょレター（講義通信）」を毎週の授業で発行します。時には一人の学生の悩みや問題提起に、他の学生が自分の意見や感想を寄せ交流が生じます。双方向の意見交換の場としてカードを活用することで、自分を表現しやすい教育的環境を育み、青年期課題に向かう学生を主体に据えた参加型授業を目指しています。

「一言カード」の奇跡

　一言カードは教師との個別のやり取りのため、さまざまな悩みを書く学生もいます。通信に載せる（学生の承諾を得て掲載）と、それに対する返事が、さっそく他の学生から届くのです。まるで授業内で1週間の時差があるアナログツイッターのような大きな学生の輪ができます。悩みを開示した学生の通信を読み、「友だちになりませんか」と待ち合わせの講師室を訪問する学生もいます。

　これは、他者の悩みに対して述べた自分の言葉の意味を考え行動する、その言葉を選んだ自分の気持ちを分析する、そして大学生になるまでの人生を振り返る「自己理解、他者理解の始まり」であり、これこそ青年期課題といえます。交流により水を得た魚のように生き生きする学生を見るのは、「言える（自己表現できる）という環境」が学生の成長に不可欠であることを実感する瞬間です。実践にあたっては、学生は自分を表現してもよい、と安心感を抱き、他者を信頼しなければけっして表現しない繊細さをもっていることにも気を配っています。

性的指向のカミングアウト

　子ども理解の基本として「教員自身の自己理解が必要である」と教えます。学生は自己の再発見のため一生懸命考えます。その中で、ふと自分独自の性的指向に気づき、一言カードで相談してくれることがあります。「誰にも言ったことがありませんが……」「ビシッと男らしくしろ、女みたいにめそめそするなと言われて怖かった」「いじめを受けていました」「自分なんて生きていてもしょうがないと思いました」「制服がつらかった」「親に悪くて、ばれたら親が死ぬんじゃないかと怖くて、誰にも言えない」「小さい子どもが好きだと気づいてしまった」「うその自分はつらすぎます」など、悩みは多様で大人が想

像するよりはるかに深刻であると感じます。生きづらさが自己否定の強い気持ちに直結し、自分自身の感性の鋭さで、周囲に気遣い、疲れ果て、さらに自分が傷ついてしまうのです。

理解することを再考する

生きづらさを抱えながら奮闘している学生を長らく支える中、「理解者が一人でもいる」「自主ゼミで泣きながらカミングアウトできた」ことが、その後の彼らの人生にとって生きつづける力となり、自分を他者に受け止めてもらえた、自分は自分でいいと認められた経験として意義深いと考えています。「誰も見捨てない、ありのままの子どもを受け止める」という経験を、青年期に自分がしてもらってこそ、将来、教員となったとき、真の意味で子どもと向き合えると思うのです。隣人としては評価するのではなく、まず耳と心を傾け理解しようとする気持ちで受容することが大切です。

教員が実感することの意味

「自分がそうでないことは理解できないのではなく、もしこうだったら……」と、教員にはもっと想像力を働かせることが必要だと思います。LGBTの生徒が相談に来てくれたとき、(教員にとって実感としてわからなくても)どんな言葉や態度を生徒に向ければいいのか、常日頃からシミュレーションをしておくことが大切です。すでに十分苦しんで相談にきたであろう生徒を、さらに苦しめ心を閉ざしてしまう対応にならないように注意し、少数者に心を寄せる教員であるようにと強く思っています。

まとめ

大田堯らの「はじめに子どもありき」の教育観が、今こそ改めて大切だと実感しています。教師は子どもと出会って学んでいきます。子どもを発達の主体として支えることが仕事です。プロなのです。昨今、もしかしたら日本の教育の中で取り残されてきた分野かもしれない「性に関わる問題」で、子どもを多角的に理解していく視点を磨くことが求められているのではないか、と考えます。なぜなら「性に関する悩み」は生き方(どのように生きるのか、自分が自分らしく生きる性とは何か、誰といると自分らしいのか、誰と生きると幸せなのか、どう生きたら認められるのか、万人に認められなくても自分を認めて生きていくのに何が助けになるのか、等々)の悩みと直結し、「生きる」ことに深く関与しているからです。教員も一人で抱え込まず、チームで子どもを支えること、時には本人の同意をていねいにとりつけ、保護者の協力を求め、専門家の力を借りることに迅速であってほしいと願います。

《引用文献》
土佐いく子.(2013).マジョリン先生の学級づくりたねあかし.フォーラムA.

4-7 性的被害を経験した子どもや女性へのケア

和歌山大学教育学部　藤田絵理子

はじめに

　性的被害を経験した子どもや女性と語るとき「サバイバー」という言葉がぴったりくる表現だと感じる瞬間があります。その環境をよく生き延び、今日こうしてカウンセラーにその経験を語る勇気を出してくださった、と尊敬の気持ちが湧き上がります。そして同時に彼女たちの感情や思考の混乱、誰に向けてよいのかさえわからない怒り、哀しみに向き合い、その整理に伴走する作業が始まります。

被害者に伝えたいこと

　被害者支援のはじめに、①被害にあったのはあなたのせいではない、あなたは本来、大切にされるべき人であること、②性的被害にあったときに感じた（記憶している）性的興味や性的快感は、身体の生理的な自然な反応で、あなたの感情的な同意を意味するものではなく罪悪感を抱く必要はないことの2点を被害者に伝え、共通認識として気持ちを整えることを心がけています。被害体験の年齢が低いほど、自分の身体に何が起こったのか、何を意味することなのか、なぜ相手はこんなことをするのか、自分の身体の反応の理由などに戸惑い、家族に伝えたくても加害者からの口止めがあるなども含め、自分の体験したことを言語的に説明する表現を持ち合わせていないことが少なくありません。そのため本人は強い違和感や葛藤を抱えながら、被害体験が継続し、被害開始から何年もたち、自分に性的な知識が備わってから「性被害」を受けていたことに気づくことも多いのです。

とにかく話してみること

　ある程度回復してきた子どもや女性たちは、口をそろえて「とにかく信頼できる人に、もっと早く話せばよかった」、もし同じことで苦しんでいる子どもたちがいたら「一人で抱えても何にもならない、苦しいだけ。早く信頼できる人に話してみて」「きちんとした言葉にならなくてもいい、聞いてくれる人、助けてくれる人を見つけてほしい」と言ってあげたいと話してくれます。

　被害を受けた子どもの場合、初めて話を聞いてくれた大人としては養護教諭が多く、優しい、女性、個室で話を聞いてくれる、時間をとってくれそうだったことが理由です。このことから学校など、子どもと向き合う環境で働く教員は、多忙ではありますが、子どもの困りごとを「聴く体制」のある大人としてそばにいる、寄り添う覚悟を新たにする大切さに気づかされます。また養護教諭のように、いざというときに駆け込むことのできる大人がいる、さまざまな役割を分担し、信頼できる「誰か」がいる組織（学校であれば、

チーム学校）であることが望ましいと考えます。

自分の人生を取り戻す

　被害にあった年齢が低い場合、被害を理解したときに加害者への怒り、それを拒むことの意味さえわからなかった自分の幼さへの怒り、他の家族への怒りなど感情の混乱が続きます。しかし何回も何年も苦しさの中で語り続けるとき、ふとした瞬間に「もしかして……被害者は自分でよかったのかもしれない」「妹にまで被害が及ばず自分が守った」「被害は受けたけれど自分は無力じゃなかった」「いま語ることが、いま生きていること自体が、加害者への報復かもしれない」などと攻撃性が昇華されることがあります。

　けっしてなかったことにはならない過去の被害体験ではありますが、認知変容の中で自分の人生への意味づけを行い、当時の無力さに比して「今」の安全な生活、安心の素晴らしさに気づき、自分は無力ではない、生きてさえいれば（加害者から謝罪がなくても）自分が勝ったのと同じ、とパワーを取り戻す時期があります。この段階にまで認知が変容した場合、ほどなくして「人生の自己決定権を取り戻した自分」「自分の人生は自分のものでいい」「支配された自分は過去の自分、と切り離すことができた」と新たな自分を発見・受容でき、今後の人生への適応が良好に変化しはじめます。

　トラウマがあってこそ、その後の人生が成長する（ポストトラウマティックグロース）という考えがあります。しかし感覚的に、自分の成長の分岐点として、トラウマの整理が整うと同時に、力強い再スタートを切る被害者の姿に、レジリエンス（強さ・弾力性）が備わっていることを確信し勇気づけられます。

まとめ

　「レジリエンスとは、逆境にも耐え抜く力、そこから脱する力、新しくエネルギーを発揮する力、マイナスのものをプラスに変えていく力」と定義されています（レジリエンス，2005）。弾力性を失ったゴムボールが、空気を入れると再び弾むように、ケアは本来その人がもっている弾力性を取り戻す手助けにすぎません。しかし、人生で何度も何度も空気を失い再び弾むことや、そこに転がっていることさえあきらめかけるような逆境体験を味わいながら、時間をかけつつ「自分を生きなおす」作業は並大抵の道のりではありません。けれども一人で抱え込まないこと、支援者とつながること、誰かに語ってみることがスタートだと、被害にあった子どもや女性たちが力強く教えてくれます。

《引用文献》
レジリエンス（編著）．（2005）．傷ついたあなたへ──わたしがわたしを大切にするということ　DVトラウマからの回復ワークブック──．梨の木舎．

コラム⑤
一人で悩まないで──わかやまmine（マイン）の活動から──

　性暴力救援センター和歌山（通称「わかやまmine（マイン）」）は、平成25年7月に和歌山県立医科大学内に設立された、和歌山県が運営する性暴力被害者のためのワンストップ支援センターです。「mine（マイン）」はすべての女性に「私のからだは私のもの、私のこころは私のもの」（1994年のカイロ国際人口・開発会議で提唱された「性と生殖に関する健康と権利（リプロダクティブヘルス・ライツ）」の概念をわかりやすく表現した文言であり、妊娠、出産その他の性と生殖に関し、互いの意志が尊重され生涯にわたる健康と安全が確保され、自分の身体について決める自由をもつことを意味する）という気持ちで、自分を大切にしながら心身の回復を図ってもらいたいという思いから名づけられました。

　性暴力被害者からの相談を受け、支援員が医療的支援、法的支援、心理的支援、その他被害者の方に必要な支援のコーディネートを協力機関と連携しながら行います。関係機関へ相談に行くたびに被害者が何度も同じ話をしなくていいように、被害者の了解を得て、支援員が事前に説明をします。医療的な支援としては、産婦人科へつなぎ、緊急避妊、性感染症の検査等を行い、法的支援として、わかやまmine登録弁護士による法律相談、心理的支援として、臨床心理士によるカウンセリングを行います。これらについては、一定程度公費で支出します。また、支援員による継続的な面接も行っています。

　性暴力被害は顕在化しない暗数が非常に多いといわれており、理不尽な被害にあっているにもかかわらず、誰にも話せず、一人で悩み、苦しんでいる被害者もまだまだ多くいらっしゃいます。このような状況にいる被害者を一人でも減らし、寄り添い、支援していくことがわかやまmineの目標です。

　わかやまmineの特徴として、10代の子どもたちの相談件数が多いということがあります。子ども同士の性加害と被害、性的虐待、そして性的搾取を受けた子どもたちが来所します。性的搾取を受けた子どもとは、居場所がなく、家出などをして、宿泊先等を得る手段として性的関係をもたされた子どもたちです。児童相談所では「性非行」として扱われる子どもたちです。わかやまmineでは、子どもたちが携帯アプリやライン等でつながる中で、被害意識なく、性的関係をもたされていると考え、支援を行います。

　性暴力被害者支援を行う中で、性について正しい知識をもっていること、また、被害者に伝えることは非常に重要です。身体について正しく知ることは、ボディーイメージの回復にもつながります。そのため、わかやまmineでは必要に応じて心理教育、性教育を行います。また、10代の子どもたちに増えているデートDVの話をすることによって、性暴力について考えてもらう機会を積極的にもつようにしています。

　被害直後からの相談支援が可能です。一人で悩まないでください。あなたは悪くありません。　　（性暴力救援センター和歌山）

4-8 精神的な健康と「性」——精神疾患をもつ人々との出会いから——

和歌山大学保健センター　岩谷　潤

はじめに

　性行動とそのいくつかの帰結（妊娠・出産・育児）は、喜びや迷い、苦しみ、さらには成長や発達をもたらす、きわめて人間的な営みです。一方、精神的な健康は、人生のあらゆるステージにおいてさまざまな危機を経ていきます。統合失調症、うつ病、不安障害など多くの精神疾患は、青年期に発症する人も多く、対人関係や学業、仕事など、生活のさまざまな局面に影響します。しかしここで大切なのは、症状や疾患による不利益のみに目を向けるのではなく、疾患をもつこと自体が、病をもちながらもその人らしく生きるという「リカバリー（回復）」のプロセスの一部であるという認識です。性に関しては、たくさんの女性が、精神疾患をもちながら、出産や育児に取り組んでおられます。

精神疾患をもちながら子を育てる親と、その子どものリカバリー

　育児に励む人がうつ病などの疾患をもつと、気力が湧きづらく、育児や家事などの日常的なことにも制限を受けやすくなります。

　しかし、そこから未来に向けて歩みを進める方もおられます。症状が強くならないように無理のない過ごし方を学ぶ、調子が悪くなる兆候により早く気づき、対処できるようになる、家族や周囲への相談の仕方や頼り方を覚え、よりよい人間関係の距離をもつことができるようになる、などのように、子どもの成長に加えて、自身の過ごし方や周囲との関係がよい方向に変化していくとき、病を得る前とはかたちの異なる、成熟した生きがいを実感することがあります。

　視点を、精神疾患を患う親をもつ子どもへと移してみましょう。長い成長の過程で、子ども自身が親の症状から受ける苦悩もまた、とても大きいものです。親への求めに応えてもらいづらく、情動的な不安定さにさらされることもあります。それらが積み重なって気持ちや成長に影を落とすことや、親の不調や不機嫌を自分のせいと考え、自信を築けずに周囲からの孤立を深める子どももいます。

　それは長く苦しい道のりですが、その子どもたちも思春期を経て大人になっていきます。親子の困難な関係から得た経験が、独立した一個人としての自覚を育み、あるいは、可能な範囲で親を支えることで、自身の人生を確立させていくこともあります。近年、そのような子どもたちの平坦でない道のりが知られ、支え合う活動が広がりはじめました[※1]。

リカバリーの分岐にある「孤独」と「つながり」

　ここに素描したのは、精神疾患をもつ人々の「性」のあとにくる出産や育児が、精神的

な健康に危機をもたらすこともあれば、その人らしく生きるというリカバリーの過程でもある、ということです。苦しみの中から確かな前進へと向かうこともあるのです。

では、疾患や症状がさらに大きな危機を招くのか、それとも時間はかかっても、何らかの「力」を生み出せるのかという分水嶺は、どのあたりにあるのでしょうか。その人が元来もっている「強さ」、それを活かせる状況、症状の軽重や期間など、さまざまな要因があることでしょう。しかしここで強調しておきたいのは、とくに疾患の初期において、その人が苦境の中で感じる「孤独」が強いときには、不安が強まりさまざまな症状がよりいっそう悪化するように思えることです。逆にいえば、周囲とのつながりが保たれ、あるいは新たにつくられ、その信頼を礎にして安心して過ごせるとき、その人自身の力が育まれ引き出され、回復や成長の土壌となりやすいように感じられるのです。

まとめ

性とその帰結を通じて得られるのは、「生きること」そのものの育くみであるのかもしれません。それは、疾患の有無に限られません。人生の大事において、しばしば選択や判断に困難がともなうことは、誰しも同じです。とすると、多くの方々が精神疾患をもち、そして「性」を通じて悩み苦しみながら、それでも成長し生活していることを若い青年期の方々が知ることは、彼ら彼女らの将来の精神的な健康のために重要なのではないでしょうか[※2]。

青年期の方々に精神的な危機が近づいたときにこそ、そのことに早く気づき、身近な人や専門職に相談し、助けを求めて「孤独」を遠ざけ、自分らしい人生を歩んでいただきたい。そのように安心できる関係を自らたぐり寄せることができる「力」を、多くの方々に身につけていただきたいと思います。

これからの「支援」では、支援された者がそのあとの人生で役立てられるように、適切なときに適切な「つながり」を求め、得て、保つ「力」を育むように関係していくことが、より重要となっていくことでしょう。そのように環境を整えるという支援のかたちも、直接的な支援と並んで、ますます求められていくと考えます。

そのように変化していくだろう「支援」がこれからの「教育」とよい結び目をつくっていくために、私たちがなすべきことは数多くあります。支援者としての立場から書いたこの小論が、「性教育」の一環として意味をもつことを願います。

※1：NPO法人「ぷるすあるは」は、家族のこころの病気を子どもに伝える絵本を作成するなど、さまざまな情報を発信しています。また、精神疾患の親をもつ子どもの会「こどもぴあ」は、東京・大阪・札幌・福岡でつどいや学習会を開催しています。

※2：和歌山では「メンタルヘルスウエルビーイングス」が疾患をもつ人の苦労や回復を共有し話し合う活動を始めました。また、幸福や価値への最新の心理学的アプローチは、『ポジティブ心理学、ACT、マインドフルネス──しあわせな人生のための7つの基本──』（星和書店、2019年）に詳しく述べられています。

4-9 身体および性の受容と心理的ケア

和歌山大学教育学部　則定百合子

はじめに

人の長いライフサイクルの中で、自らの身体や性と向き合い、適切に付き合っていくことは、とても重要なことだと考えられます。しかし、発達していく存在であるからこそ、心理的・身体的な変化を遂げるプロセスにおいて、時に自らの身体や性を理解し、受け入れることが困難な場合もあることは確かです。

第二次性徴による身体的変化と不適応感

思春期の第二次性徴による急激な身体的変化は、子どもたちに精神的な動揺や不安定さをもたらし、身体不満足感、抑うつ傾向や摂食障害といったさまざまな問題と関連するなど、大きな影響を及ぼすことが知られています。確かな基盤である身体が変化することは、アイデンティティに関連する重大な問題であり、このために多くの子どもたちが何らかの不適応感に悩まされると考えられます。

こうした不適応感にはさまざまな要因が関連していることが知られており、たとえば、男女問わず早熟であることは、非行のリスク要因であるとされています。また、女子の場合、初潮を境に自己の身体像に不満を抱く子どもの割合が増加することや、女性性の受容の可否が低い自己評価や劣等感と関連することが指摘されています。一方、男子の場合、衝動性やリスク志向と関連するテストステロンの濃度上昇が非常に大きいにもかかわらず、思春期には自己制御に関する脳の主要な領域が未発達であることが、この時期の衝動的行動の生起に関連していると考えられています（青木, 1991；齊藤, 1994；Weiser et al., 2011）。

したがって、子どもの身体的変化にともなう不適応感を扱う場合には、その思春期タイミングや性別を踏まえ、適切な心理的ケアを行っていくことが大切です。

身体のリズムが及ぼす影響

第二次性徴を経験することによって、それまでになかった身体のリズムに影響を受けることも多くなっていきます。とくに女子の場合、月経前に何らかの身体的・精神的変化を感じていることが少なくなく、こうした症状は月経前症候群（PMS）として古くから知られています。月経前症候群の主な症状は、下腹部膨満感、頭痛、腹痛、体重増加などの身体症状と、イライラや抑うつ気分、怒りっぽさなどの精神症状に分けられ、女性の約8割がこうした症状のいずれかを経験しているとされています。また、月経前症候群の中でもより精神症状の重症化した病態は、月経前不快気分障害（PMDD）と呼ばれ、DSM-5

（American Psychiatric Association, 2013）において、初めて抑うつ障害群のカテゴリーの一つに分類され、うつ病（DSM-5）／大うつ病性障害と同列の独立した疾患として記載されるようになりました。

　こうした症状や疾患は第二次性徴後の身体のリズムに起因し、日常生活への影響はけっして少なくないにもかかわらず、これらの知識に対する一般的な理解は十分とはいえず、本人もよくわからないまま、心身の不調として経験されていることが多いと考えられます。したがって、まずは子どもたちが自分の身体のリズムや症状について正しく理解し、たとえば、症状がひどくなると予想される時期には十分な休息を心がけるなど、有効な対処法や上手に付き合っていく方法を見つけられるよう関わっていくことが大切です。また、こうした子どもの場合、周囲からは、単なる心身の不安定さとして扱われてしまうことがありますが、注意深く観察することによって、身体のリズムとの関連が見えてくる可能性があることから、支援者もこのような視点をもちながら関わることが望まれます。

まとめ

　「性は生なり」（高村，1998）と表現されるように、自分の意思とは関係なく変化していく身体や性を理解し、どう受け入れていくかは、子どもたちにとって大きな課題です。他方、身体や性にまつわる葛藤は、デリケートであるがゆえに相談への抵抗も大きく、これらの話題に触れること自体が子どもたちの心理的な侵入感を引き起こすこともあります。どのような話をしても全面的に受け入れてもらえる、という安心感がなければ相談できないことを理解したうえで、子どもが話したくないことは無理に聞き出そうとせず、話せる時機を待つなど、心理的な侵入感に対する十分な配慮とともに関わっていくことが、支援の前提になると考えられます。

　身体や性をめぐるテーマは、誰もが経験することでありながら、その経験の様相には個別性が大きいことを忘れず、葛藤や戸惑い、嫌悪感や不安など、多様に揺れ動く心に辛抱強く寄り添い、子どもたちが自らの身体や性、その発達と向き合うための支援が求められています。

《引用文献》
American Psychiatric Association. (2013). *Diagnostic and statistical manual of mental disorders (5th ed.)*. Washington, DC: American Psychiatric Publishing.（アメリカ精神医学会．髙橋三郎・大野裕（監訳）．(2014)．DSM-5　精神疾患の診断・統計マニュアル．医学書院）
青木紀久代．(1991)．女子中学生における性同一性の形成．心理学研究, *62*, 102-105.
齊藤誠一．(1994)．思春期の身体発育と心理的適応について2．日本教育心理学会第36回総会発表論集, *94*.
高村寿子．(1998)．思春期の性＝生――セクシャリティの受容と意志決定――．保健婦雑誌, *54*, 445-450.
Weiser, J., & Reynolds, B. (2011). Impulsivity and Adolescence. In B. B. Brown, & M. J. Prinstein (Eds.), *Encyclopedia of adolescence*. Elsevier.

ミニ総括④

　本章の中で、則定は「発達していく存在であるからこそ、心理的・身体的な変化を遂げるプロセスにおいて、時に自らの身体や性を理解し、受け入れることが困難な場合もあることは確かです。……身体や性をめぐるテーマは、誰もが経験することでありながら、その経験の様相には個別性が大きいことを忘れず、葛藤や戸惑い、嫌悪感や不安など、多様に揺れ動く心に辛抱強く寄り添い、子どもたちが自らの身体や性、その発達と向き合うための支援が求められています」と述べて、性に関わる一般性と個別性に注目し、戸惑いを抱える子どもたちに、支援者としてどのように向き合うことができるのかについて示唆を与えています。

　大学教員として独自の研究分野を究めながら、目の前の大学生と関わるうえで、「生きる」ことと、それに関連する「性」の課題は切っても切れないことであると再認識させられます。そして「生きる」ことと同様、「性」についても個別の問題として完結するだけでなく、他者との関わりが生じ相互の人生に影響があることも否めません。

　真の平等、人権意識、自分を大切に思える感情（自尊心・自己肯定感）の育成、自分の気持ちに気づき、他者に自分の本当の気持ちを伝えることなど、モラトリアム最後の時期にこそ「性」について向き合ってほしいと願います。そのためには青年のパワーを信じ支える包摂的な文化を育む必要があります。受容的な基礎的環境整備に取り組む大人の一人になることができますように。

　　　　　　　　　　　　　　　　　　　　　　　　　　　　　　　　（藤田絵理子）

第2部
発達段階に応じた性教育の必要性

　第2部では、和歌山大学教育学部附属学校の児童生徒の支援にあたり、連携協力関係にある専門機関での「性教育」または「性に関わる教育」に関する実践・提案を掲載しています。

　ここでは子どもの発達段階を、幼少期〜小学生を「MINE（マイン）期」、中学生を「疾風怒濤期」、高校生以上を「多様な青年期」と三つの段階に区分しました。

　子どもの発達段階を鑑み、理解し、社会的な環境と関連し、その時期に伝えておきたい性に関する知識を中心にまとめています。

　年齢区分に加えて、性に関わる被害・加害体験を含めた子どもたちへの指導・支援、予防、再発防止に向けた取り組みについても扱っています。

　多様な専門家の実践から、教育的なエッセンスを汲み取っていただけますように。

5章 MINE（マイン）期

【概説】MINE期の性教育の課題

　子どもの発達段階に応じた性教育では、MINE期（幼少期〜小学生）からの性教育が大変重要であると考えます。平成29年3月に改定された学習指導要領の中にも幼児期の「非認知的能力」（目標に向かって頑張る力、人とうまく関わる力、感情コントロール力など）が組み込まれ、幼児期にこの能力を身につけておくことが大人になってからの幸せにつながるといわれています。

　幼少期から、性教育に関連して非認知的能力が育つなら、人権意識、平等の感覚、感情のコントロールなど、一生涯にわたる価値観形成に大きな影響を与えると考えます。

　MINE期の性教育の重要な点として、「性」に関連して生み出される命の大切さ、生きる権利、自分と相手を大切にする人権意識の育成などを、幼児期から当たり前のように親や教員が、家庭や教育の場で、子どもにわかりやすい言葉で伝える意義に注目することがあげられます。

　乳幼児期から学童期にかけては、まわりの世界や人との関わりを通して基本的信頼感や安心感を育みながら、自己をコントロールできる力をつけていく時期です。幼児期からの性教育の可能性（安宅）、性教育を人権としてとらえる重要性（家本）、発達段階を踏まえた性教育（森下）、発達につまずきのある子どもへの家庭での性教育（西原）、児童心理治療施設での取り組み（土井）、児童養護施設での取り組み（北山、田中）、児童相談所医師としての支援（松岡）が描かれます。

5-1 命の大切さに注目した性教育の取り組み

母乳育児相談マミィサポート　安宅満美子

はじめに

　幼児期からの性教育が大変重要だと考えています。なぜなら近年、家族関係が変化し、児童虐待、離婚などの問題があり、幼少期から自己肯定感が育ちにくく、生きづらさを抱える子どもたちも少なからずいるからです。そのような子どもたちに、生まれてきたこと自体が素晴らしいことで、「生きるのに工夫のいる子どもたちもいるけれど、みんな神様から生きても大丈夫やで、と言われているのと同じ」と安心感をもってもらうとともに、自分の生（命）を肯定できることを願い、助産師として誕生の神秘に立ち会ってきたからこそ伝えたい性教育を行っています。

命の教育をメインにした性教育

　誕生に際して「赤ちゃんは頑張って生まれてきたんやよ」「陣痛のとき、赤ちゃんとお母さんは協力して頑張るんや、赤ちゃんはお母さんも自分もしんどくならないように陣痛をコントロールする力をもっている」「誰もが生まれるときには自分の命の守り方、お母さんの身体の守り方をちゃんと知っていたんやよ」と、助産師だからこそ実感している奇跡的な瞬間のことを伝えます。子どもたちは「自分って、じつはすごかった」ことに気づき、家族との関係が難しい環境の子ども（親と離れて生活している場合もある）が「自分も母も頑張った」「わたしも生まれてきてよかったんや」と感想を書いてくれます。

　身体の名称などについては学習指導要領に沿って教えます。専門用語の理解が難しい子どもがいる場合、わかりやすく説明します。小学校、中学校では教科書内容に合わせて話をします。「卵子」を「たまご」、「精子」を「命のもと」、「受精」を「たまごの一番近くに命のもとを運ぶ力」と説明したりします。具体的な性行為については動物や昆虫にたとえて話します。中学生では性に関する理解に差が大きいため、集団指導に難しさがあります。性感染症、マスターベーション（普通のことであり、清潔に気をつける、回数は何回でもよい、プライベートなことなので人には見せない）についても伝えます。授業後の感想文を書いてもらうときには、集団授業で聞けなかった「個別の質問があれば、誰にも言わずにお返事します」と伝え、悩みを書いてくれた場合、きちんと返事をするようにしています。

　また学校以外の施設、乳児院、母子生活支援施設、女子刑務所などでお話しすることがあります。「自分も頑張った」「母親にありがとうと言いたい」「生きることの勇気づけになった」「身体（母体）を守る、妊娠する（できる）のは素敵で責任のあること」「男性にも責任がある」などさまざまな感想が聞かれます。

　毎年、保育園から短期大学まで20校ほど性教育の授業に行きますが、性教育を年間教

育プログラムの一環として継続している学校や、保健師と一緒に学校訪問を継続している地域もあります。また地域の方からの要請により、学校での性教育を実施することもあり、子どもの成長を見守る温かい取り組みと評価できます。

性の多様性への配慮

　毎回の授業では事前に学校（施設）と打ち合わせを行い、ニーズに合わせるようにします。担任、養護教諭との打ち合わせで、生徒（受講者）の中に妊娠中絶経験者、性的虐待被害者がいることを確認した場合、言葉を選ぶなどして最大限に配慮するようにします。LGBT、性的違和感のある生徒への性教育について、これから改善や配慮が、より必要となってくるでしょう。ステレオタイプの性教育、「男の子は」「女の子は」という説明では、性的違和感のある生徒をより混乱させてしまうかもしれません。どこにも当てはまらないと感じる生徒の苦しみに対する性教育を進めるためには、いろいろな領域の専門家の連携が必要になります。私の授業は単回で終わることが多いため、本人の生きづらさのフォローの継続を学校で、また本人が望んだときに相談できる学校外の相談機関も紹介するようにしています。

まとめ

　現在ではインターネットから恋愛、性、子育てに関する情報をたくさん入手できるため、それに振り回され、そのとおりに行動し、あまり幸福でない結果を経験していることは否めません。

　性に関することを口にして人と共有することはタブー視されがちです。しかし「性」について語り合うことを、「生きること」に関係するコミュニケーションを深める機会にしてほしいのです。人とつながることで、尋ねることや、困ったら声を上げ、相談できるような社会になってほしいと願っています。一人で抱えず、助産師や他の専門家とぜひ、つながってください。生きづらさや性に関連した悩みを信頼できる人と語る中で、何かが発見できるかもしれません。

　たとえば、なかなか聞きにくいことかもしれませんが、「産後のセックスはどうなのかな？」という質問に対しては助産師としてこのように話します。「産後、1か月健診が終わり、主治医から問題がないと言われたらOK。ただし母は動物として子どもを守るモードに入っているので、男性の欲求を拒否したくなる気持ちに葛藤するかもしれないけれど自然なこと。動物としての本能から。こんな風に助産師さんが言ってた、と夫に説明して」と。専門家として夫婦の関係性が壊れないように、しかし母体も赤ちゃんも守る視点からのアドバイスです。

　性に関して正しい情報を得ること、それをもとに自分で選ぶこと、相手に「ノー」と言い、相手から自分の「ノー」を尊重される関係性、「よりよく性を生きる」ことが保障されることは社会の成熟であると考えます。

5-2 人権としての性教育

toddle わかやま　家本めぐみ

はじめに

　人が人として生をうけたかぎりは、一人ひとりが大切にされながら生を全うすることがとても重要です。そのためには何が必要なのか、私にできることは何なのかについて考え、これまでの支援活動で大切にしてきました。そして一人ひとりが、人として尊重されることと同じく、個人の「性の人権」の尊重も大切であると感じています。

ジェンダー・ニュートラルの概念

　世界経済フォーラム（2016年）によると、世界で4番目に男女格差が少ないスウェーデンでは、1998年に教育法が改正され、「すべての子どもたちを男性、女性の区別なく平等に扱う」ことが教育機関に義務づけられました。その結果、ジェンダー・ニュートラルの教育方針をとる就学前学校も5校設立されています。

　そこでは、「男は男らしく、女は女らしく」といった昔ながらのジェンダー観を植え付けないよう、性別によって子どもの扱いを変えない教育方針をとっています。男の子がお人形でままごと遊びをしても、女の子が積み木やミニカーで遊んでも指摘されることはありません。男の子が泣くのを我慢しなくてもよい、女の子が怒りを抑えなくてもよいなど、自分の感情を素直に表現することもできます。そのような経験を通して、男女に平等な機会と権利を与える民主主義に基づく教育を与えているのだといわれています。スウェーデン・ウプサラ大学の心理学者も、幼少期からこのような教育を受けた子どもたちは「ステレオタイプのジェンダー観に影響されずに人付き合いができる傾向にあり、このような資質は子どもたちの人生の可能性を大きく広げる」と高く評価しています。

　しかし、このような新しいジェンダー観に対して、ロンドンのスクールカウンセラーは、幼少期の発達段階で自分のジェンダーアイデンティティの確立期にジェンダー・ニュートラルな環境に置かれると、「自分はどっちなのか」と混乱をきたす可能性があるのではないかという懸念を示しつつも、「欧米では新しいジェンダー観が広がり、若い世代はジェンダーやセクシャリティの流動性に柔軟だ」と指摘しています。学校長も、この教育の目的は子どもたちにきたるべき新しい世界への準備をさせることにあると述べています（クーリエジャポン，2017）。

自分の身体も他の人の身体も大切にすることを幼少期から学ぶ

　自分の身体がとても大切だと気づくことに始まり、他の人の身体も自分の身体と同じく大切に思うことが重要になります。その感覚を、幼少期から当たり前のこととして五感を

通じて学ぶことは、生涯役立つ印象的な学習につながります。和歌山県人権啓発センターでは、人権啓発プログラム「ちがいをみつめて　ちがいをみとめる　みんな、たいせつ〜『人権感覚を育てよう』プログラム〜」を実施しています。これは3歳から5歳の幼児と保護者が一緒にプログラムを体験し、親子のコミュニケーションを通して人権の大切さを感じながら学ぶことを目的にしています。

生きる権利と「性」は同じであるという認識

　生きるという「生」と「性」を守り尊重することは、どちらが欠けても生きにくさにつながるため、守るべき価値のある事柄だと考えます。もし性的な被害を受けたときに「大切な自分を守る」という感覚が養われているなら、勇気を出して被害を訴えることができます。たとえ性的にマイノリティであったとしても「自分は自分のままでよい、あなたはあなたのままでよい」と自分と他者を受け入れることが容易になります。自分の「性」の感覚を敏感に感じ取り、自分の感覚を信じ、自分が力強く「生きる」ことを自分自身で応援することができるのです。

　あなたには自分を生きる権利があります。自分の「性」をオリジナルなもの、自分らしいものとして受け入れる権利があるのです。それを大切に思い、自分が率先して尊重してほしいと願っています。自分を尊重できる社会は、他の人に対しても寛容です。「自分とあなた」を心から認め愛おしむなら、違いによる偏見、差別の気持ちやいじめや自殺を減らすことができるに違いありません。

　2020（令和2）年は東京オリンピックが開催されます。公共施設などの建設工事は急ピッチで進んでいますが、国民の心は、多様な外国の人々を心からお迎えできる対応力が整っているのでしょうか。国際標準となりつつあるジェンダー・ニュートラルな考え方が、公的施設の建設物にまで反映されるには、時間も費用もかかるかもしれませんが、平和の祭典の開催にふさわしく、まずは心の垣根を外すこと、当たり前とは何なのかをいろんな立場の人の視点から考えることから始めてほしいと強く願います。

まとめ

　保育所の男の子が「女のくせによ〜」と口をとがらしている姿は、誰かの模倣か、すでに学んだジェンダーの影響かもしれません。子どものころから、男女を問わず、「自分もみんなもたいせつ」と尊重し合える権利意識を育成し、自分らしさを選び取ることが可能である豊かな社会の成熟を願います。

《引用文献》

クーリエジャポン．(2017)．賛否両論！　スウェーデンの「男女完全区別なし保育」は子供にいいのか、悪いのか？　http://courrier.jp/news/archives/89045/．

5-3 発達段階を見通した乳幼児期における性教育の可能性

和歌山信愛大学教育学部　森下順子

はじめに

　子どもは、さまざまな人や社会の関係を通して発達していきます。生後間もない新生児は自分の母親のにおいや声を区別できることが知られています。しかし、生後しばらくは、見知らぬ人に抱かれても特別な反応はしません。4か月頃になると、親とそれ以外の人を区別するようになります。そして、7か月頃になると「人見知り」が始まります。人生の根っことなるこの時期に大切なのは、特定の人に対する情緒的絆「愛着」が形成されていることです。愛着形成されている人がいるという安心感が、外の世界への好奇心を高め、複数の他者との関係性が広がっていくのです。

　エリクソンは、0～1歳の乳児期を「基本的信頼 vs 不信」として、プラスの側面とマイナスの側面（心理社会的危機）があり、双方が絡み合いながら発達していくと述べています。この乳児期から、自分と、自分とは違う人の区別ができるといえます。たとえば、0歳児Aくんは、自分の性器をおもちゃのように引っぱってみたり、お風呂でママの胸を触ったりして身体に興味を示します。1歳児Bちゃんは、女の人は嫌がりませんが、父親以外の男の人に抱っこされるのを嫌がります。ことばを覚えはじめた1歳過ぎのCくんは、「ぱぱ」と言えるようになりました。しかし身近にいる男の人をすべて「ぱぱ」と呼び、女の人には「ぱぱ」とは言いません。0～1歳の発達段階でも、性差を理解していることがわかります。

乳幼児の性への芽生えと乳幼児への性教育につながる関わり方

　エリクソンは、1～3歳の幼児期前期を「自律性 vs 恥と疑惑」としています。愛着を基盤とした親との関わりの中で挑戦や失敗を繰り返しながら、自分でできることが増えていき、自信や意欲につながっていくため、まわりの大人の関わりが重要となってきます。この時期の子どもは、性に対しても興味や関心が広がります。たとえば、Bちゃん兄弟は、お風呂で男女の身体の違いに気づき、「なぜ私にはおちんちんがないの？」と親に尋ねます。また、サークルに集まった男の子は、性器やおしりを見せてふざける場面もあるといいます。つまり、子どもが素直に性への興味をもちはじめるこの時期に、まわりの大人がどのように子どもたちの性意識と向き合うかが、重要となってきます。

　一般的には、この乳幼児期に性教育は早すぎると思いがちですが、間違った情報から子どもを守る、人の嫌がることをしてはいけないことを知る、生命を大切にする視点などから、乳幼児期から正しい知識を身につけることが大切です。自分や他の人の身体に興味をもつ乳幼児期に、子どもの疑問や質問に関しては正直に応答し、ごまかさない・あいまい

にしない・怒らないことが、正しい知識を身につけることにつながります。正しい理解ができると、素直な気持ちで自分の身体に向き合い、また他人の身体も大切にする心が育ちます。

家庭や保育現場での性教育の可能性

　乳幼児期の子どもに関わる保育・教育現場では、一人ひとりの子どもの発達段階に応じた「性教育」の充実が期待されています。しかし、及川（2001）の保育者に対する性教育に関する意識調査では、幼児期の「性に関する指導」は必要と回答した保育者が半数にすぎず、性教育は必要であるとしても取り入れたいと思う保育者は少ないという結果が出ています。

　また、保育現場で参考とされる幼稚園教育要領（平成29年告示）や保育所保育指針（平成29年告示）においても、性教育についてはとくに触れられていません。性教育につながるであろう文言としては、幼稚園教育要領では、領域「健康」の内容の取扱い（2）に、「自分の体を大切にしようとする気持ちが育つようになる」、保育所保育指針では、「保育所保育に関する基本原則」の保育の目標（ウ）に、「人との関わりの中で、人に対する愛情と信頼感、そして人権を大切にする心を育てるとともに、自主、自立及び協調の態度を養い、道徳性の芽生えを培うこと」があります。

　家族以外の多くの人と関わり、時間をともに過ごす保育現場での性教育の充実は、子どもから湧き出てくる自然な疑問に対して応答していくことから始まると考えます。それは保育者一人ひとりの意識や価値観に左右されるため、研修会の充実や議論する場が必要であり、今後の課題といえるでしょう。

まとめ

　目覚ましい発達を遂げる人生の「根っこ」ともいえる乳幼児期に、家庭や保育現場で、子どもと関わる大人が、一人ひとりの子どもの発達に寄り添いながら、性への芽生えにていねいに応答していくことが大切です。現代社会では、テレビや携帯電話などの情報機器の発展により、幼児期の子どもたちにもさまざまな影響を及ぼしています。子どものまわりにいる大人も、何が大切なのかわからなくなってしまっている世の中です。だからこそ、未来を生きる子どもがこれからの長い人生で、自分も、まわりの人も大切にしながら、人間の尊厳を尊重できる基盤を、乳幼児期に育てていくことが大切といえるでしょう。

《引用文献》

及川裕子．（2001）．幼児期の性教育の課題——保育者の意識調査を通して——．日本赤十字武蔵野短期大学紀要, *14*, 159-164.

コラム⑥
自分の身体に慣れるための体験的な学び

　2～3歳児の特徴としては、フロイトの口唇期～肛門期の発達とも連動し、自分の身体への興味が増します。また、生理的欲求や愛着対象への心理的欲求を満たすことに貪欲な時期でもあります。好奇心も育ち、自分の身体に対する探索行動も盛んです。羞恥心の発達前期でもあり、自分の性に対する自覚や抵抗感が少ないため、性器が感覚遊びの延長として、あるいは快刺激の対象物として玩具になりやすい傾向もあります。知的に、また発達面での偏りがある幼児の場合、自分の性器へのこだわりが際立つことがあり、反対に感覚過敏による違和感からくる反復行動が目立つ可能性が高くなる時期でもあります。

　そのため幼少期からの性教育が大変重要となります。はじめに身体各部、とくに性器の名称を簡単に（専門用語や難しい言葉でなくてよいので）教え、他の人に見せたり触らせたりしてはいけない大切な場所であることも伝えます。清潔にすることも練習しながら学ばせます。実際、性的虐待被害にあった場合、幼児期には身体の名称がわからず、正確に被害を伝えられないことも多いのです。

　さらに、自分の身体を受け入れる時期として生理的性別に関連した体験を感覚的に教えましょう。発達特性において感覚過敏がある場合、幼少期から当たり前のものとして体感的に教える（本人が覚える）体験が必要であるといえます。たとえば女児の場合、思春期に「生理」を受け入れるため、幼少期からときどき折りたたんだティシュを下着に当てる練習を行います。また時折、生理ナプキンを使用させ、ナプキンの肌触り、ごわごわした感覚を覚える体験をさせることも大切です。こうして、将来、月に一度ナプキンを使う習慣に、幼少期から備えさせることができます。そして本当に生理になったとき、当たり前のもの、感覚的な習慣、生活のルーティーンとしてなじんでいるなら、本人の感覚的混乱を事前に防ぐことに役立ちます。実際に思春期に初めてナプキンを使用した女児が、その感覚的違和感の驚きと苦痛から、取り外してしまうこともあるからです。

　このように発達的な偏りによる思春期の困難さを事前に予測し、備えることは、本人にも周囲にとっても幸せなことです。幼少期のマスターベーションに、親は衝撃を受けることがありますが、快刺激を繰り返し楽しんでいるだけとも考えられます。しかし人前でのマスターベーションなど「ダメなことはダメ」ときっぱり、何度も繰り返し、大きな声ではなく淡々と簡潔に教えるなど努力とエネルギーが必要です。

　親が一人で抱え込まず、専門家とも協力し、子どもの性的な面での健全な成長発達やそれに関係する社会的マナーの定着も支えていきましょう。

（高橋孝男）

5-4 発達につまずきのある子どもの子育てにおける性教育

和歌山信愛女子短期大学　西原　弘

はじめに

　発達につまずきのある子どもの子育てにおいて、親が感じる「いま必要な学びやスキル」は、基本的な生活習慣に関わるものおよび社会生活上必要な課題が優先され、性教育は「いずれ必要なこと」とは考えていても、「正しく知識が伝わらない」「それまでにすることがある」などの理由で将来的なものにとらえられていることが多いようです。そのうえで、「性に関する困りごと」として、性器を出したりいじったりする行動や異性の身体に触れる行為などは「子どもの困った行動」として受け止められ、「だめ」「やめなさい」などの禁止語・否定語による強い叱責となり、性に関すること自体が否定されるものとして受け止めさせられる状況にあります。

　親や支援者は、子どもの行動の背景にどういった思いが隠されているのかを考え、否定的な性への認識を改め、子どもがより豊かに生活していくための学びを獲得させていく必要があります。

実践① 「直接あるいは服の上から性器をいじる」とき

　性器いじりは自慰行為としてとらえられがちであり、性的な要素を感じてしまい、ショックを受ける親は多いです。しかしながら、幼児期の自慰行為は思春期以降のそれとはまったく意味合いが違い、「ただ気持ちいい感覚を作り出している」だけにすぎないのです。子どもは成長とともに、遊びから「快」を感じていくため、自然と性器いじりはなくなっていきますが、発達につまずきのある子どもの多くは、遊びがうまくできないため、ふとしたことから性器いじりを覚えてしまうと、頻回にする場合があります。

　そのようなときは、子どもの性器いじりがどんなときに現れるのか、そのときの状況を見てあげてください。おおよそ、一人遊びができていないときに起こることが多いことでしょう。家族が子どもと関わることができていないときではないでしょうか。幼稚園や学校であれば、授業中に何をしてよいかわからず活動がない場面や、昼休みに一人何もすることがなく床で寝転がっているときではないでしょうか。いま一度、子どもとの関わり方を見直し、一緒に遊ぶ（活動する）ところから始めてほしいものです。

　時に、わざと周囲の反応を確かめるようにしながら性器いじりをする子どももいます。これは周囲の関わり方によるものであり、コミュニケーション手段の一つとしている場合があります。コミュニケーション手段として機能されている活動であれば、「（ママ，）遊ぼう」「（おもちゃを持って）一緒にしよう」などの代替手段を教えることが大切です。けっして叱ることなく、「遊びたい？　遊ぼうって言ってくれたら一緒に遊ぼうか」など、

関わり方を教えてあげてください。

実践②　「女性の胸など、柔らかいところを触りにくる」とき

　この行動には、おおよそ二つの意味が考えられます。一つは、感覚（触覚）に関する問題です。一人遊びなどの活動に飽きてしまったり、不安に感じたりするときに、柔らかい感覚を求めたくなることがあります。この場合、類似の感覚が得られるもの（柔らかいゴムボールやビーズクッションなど）を用意し、持たせてあげると落ち着くことが多いです。

　二つ目は、女性の胸に触れる行為がコミュニケーション手段となっている場合があります。触られた女性の反応（叫び声や逃げるなど）を見ていることが多いです。この場合は、母親や姉、女性教員等、子どもにとって身近な人こそが「触ってはいけません」ときっぱり注意する必要があります。そのうえで、次章1節の実践①（90頁）で説明するようなコミュニケーションの代替手段を教えてください。

実践③　「親に対していつまでもスキンシップを求めてくる」とき

　親は子どもが落ち込んだり、不安を感じたりするようなことがあれば、そこから守ってやりたいものです。つい子どものなすがままに抱きしめ、膝の上に座らせることをしてしまうものです。しかしながら、親との近しい距離感を担任や仲のよい友だちなど家族以外に求めることがあり、他人との距離感がつかめないことにつながる場合があります。子どもの成長とともに、「抱きしめや抱っこ」から、「背中をさする」、「握手をする」などのスキンシップに変えていく必要があります。時には「ちちんぷいぷいのおまじない」「大きく深呼吸しようか」などの言葉も添えて、不安を取り除いてあげるとよいでしょう。

　しかし、急いで親の対応を変えるのではなく、「もうすぐお誕生日だから、一つお兄ちゃんになったら抱っこは卒業しようか」などの声掛けをしていきながら子どもに自らの成長を意識させることも大切です。この家族との距離感を学ぶことが、対人関係スキルへの支援にもつながっていきます。「お友だちの顔を触ると、相手はびっくりするんだよ」「手をつなぐのは家族の距離だね」「お友だちとは握手の距離だよ」「知っている人（近所の大人など）は『前にならえ』の距離だね」「知らない人には近寄らない」ということも同時に学ばせていきましょう。

まとめ

　発達につまずきのある子どもへは、認知・注意・記憶の弱さという特性に配慮した関わりが必要です。また、間違いに気づかせるよりも正しいことを教えることが大切です。幼児期・学童期の性教育は「社会参加」をするうえでの大切な学びの時期です。子どもの特性を理解しつつ、できたことを認められる、ほめられるといった自尊感情・肯定感情を大切にする家庭教育を実践していきましょう。

5-5 児童心理治療施設における性的問題の理解とアプローチ

児童心理治療施設みらい　土井裕正

はじめに

　児童心理治療施設は、心理的困難や苦しみを抱え、日常生活の多岐にわたって生きづらさを感じている子ども、環境上の理由により社会生活への適応が困難となった子どもを対象とし、社会生活に適応するために必要な心理に関する治療および生活指導を主として行うことを目的としています。具体的な入所理由についてはさまざまですが、近年は虐待や発達障害による適応困難を理由として入所してくる児童が多くを占めています。

児童心理治療施設における性的問題

　平成29年度の厚生労働省の行政報告によると、全国の児童心理治療施設に入所している児童の総数は1280名であり、そのうち被虐待児童は71.2％を占めています。性的な問題を理由として児童心理治療施設に入所してくる児童は、必ずしも多くはありませんが、現場の感覚としては、性的加害や被害のリスクを抱えた子どもが多く、性的問題が発生する可能性がきわめて高いように感じられます。実際、滝川ら（2013）の調査によると、過去3年間に施設内での性的加害の問題を経験した施設は73％に及んでいます。

　その背景として、児童心理治療施設で性的問題が報告された事例の約6割がネグレクトのケースであり、その多くが発達早期から不適切な環境下に置かれたことで、発達や愛着の基盤の脆さと、初期の心的発達の未熟さがあり、そのことから「衝動コントロールの悪さ」「対人距離感やバウンダリーの感覚が育っておらず、自分の領域に他人を引き入れやすく、かつ他人の領域に侵入しやすい傾向」「ルールや規範意識の薄さ」といった特性があることが指摘されています。

　また、これらの問題は性的問題の抑止力の脆弱さとの関連が示されており、つまり、心的発達の未熟さが性的問題を生じさせるリスクを高めるといえるのです。そして、この考察からは、性的問題を抱えている子どもの中でも、とくに発達早期の養育環境が不適切であった子どもにおいては、ただ知識としての性教育だけを行えばよいのではなく、その前提として、停滞している心的発達を回復させるアプローチが重要であるといえるのではないでしょうか。

愛着関係の再形成が性的問題の発生を予防する

　では、心的発達を回復させるアプローチとは具体的にはどのようなものでしょうか。たとえば、早期の心的発達の中でももっとも重要なものとして、対人関係や社会との関係、自己認知や他者認知などに影響を与える愛着関係の再形成に関するアプローチがありま

す。子どもとの愛着の絆を強めるのは養育者のケアであり、情動調律、情緒的応答といった関わりや、不快な感情を快い感情に変えていく関わりが必要とされています。

初期のそのような養育者の関わりが子どもの中に内在化したものを内的ワーキングモデルといい、その後、出会っていく人との対人関係の雛形となります。

つまり、養育者の関わりが肯定的なものであれば、内的ワーキングモデルも肯定的なものになり、その子の人に対する認知は安心や安全に満ちたものになります。一方、養育者の関わりが否定的・拒否的なものであれば、内的ワーキングモデルも否定的・拒否的なものになり、その子の対人認知は不安や危険に満ちたものになります。

施設においては、そのような子どもたちの内的ワーキングモデルを肯定的なものに変化させていくことが一つの目標となりますが、この内的ワーキングモデルが健全で安定したものになることで、子どもは養育者が目の前にいないときも養育者の考えや行動を予測して、不安への対処、感情や行動のコントロール、不適切な考えや行動にブレーキをかけることなどができるようになります。そして、これらの成長が、前述の性的問題の抑止力と関連した特性の改善にもつながると考えられます。つまり、子どもの心的発達の回復を支援することが、性的問題の未然防止につながるのです。

まとめ

本節では、児童心理治療施設における性的問題の予防の一例として、心的発達の回復、とくに愛着関係の再形成にアプローチすることの有効性について述べてきました。このことは、一見不適切な養育環境下に置かれてきた子どもに対する特殊な環境におけるアプローチであるかのような印象を与えるかもしれません。しかし、保育・教育の現場において、子どもへの発達支援、学び支援の実践的研究を重ねてきた米澤（2015）によると、この数年、通常家庭においても愛着に問題を抱える子どもが激増しているという実感を得ているといいます。その実感は学校、幼稚園、保育所といった現場で活躍する多くの先生方も感じていることでしょう。今後、さまざまな現場において、本節で述べたような心的発達の回復という視点を、性的問題への予防として活用していただきたいと思います。

《引用文献》
滝川一廣ほか．(2013)．情緒障害児短期治療施設における性的問題への対応に関する研究（第2報）．平成23年度研究報告書．子どもの虹情報研修センター．
米澤好史．(2015)．発達障害・愛着障害　現場で正しくこどもを理解し、こどもに合った支援をする「愛情の器」モデルに基づく愛着修復プログラム．福村出版．

5-6 児童養護施設における性教育の実践

児童養護施設つつじが丘学舎　北山貴敏・田中　存

はじめに

　児童養護施設で生活をしている児童はこころとからだにさまざまな傷を負い、保護されたことで親や家族、友人との別れを体験してきています。早期の家族との分離や養育者からの不適切な関わりなどの経験により、本来乳幼児期に獲得している親との愛着関係が形成不全であることから、自己肯定感の低さ、自他への攻撃性、あきらめの早さ、対人関係の中での距離感等に課題が顕著に現れ、施設という集団の中では性的行動として表現されることも少なくありません。要因として、性に対する欲求や興味関心以上に、力の誇示や愛情の埋め合わせの感覚が強いようです。そのため自己肯定感を高めていくことが急務であり重要です。自分が大切な存在という実感が、同時に他者を大切にすることにつながっていくと考えています。

「こころとからだの大切さを考える会」の設立

　社会的養護関係施設第三者評価内容評価基準（児童養護施設版）の中にも性に関する教育の項目があげられ、「異性を尊重し思いやりの心を育てるよう、性についての正しい知識を得る機会を設けている」と書かれています。つまり性を学ぶことで相手を思いやる気持ちを育むことを目的としています。しかし、現実には性を教える以前に自分が大切にされてきたという経験が少ないため、「たいせつ」という概念自体が乏しい児童がほとんどです。児童間での性的な遊びや性暴力、上級生から下級生への間違った性の知識の伝授、性交渉を経験した児童からの刺激等、発達年齢よりも早い段階での誤った性の知識が入ってしまうことも大きな課題となっていました。

　そのため、つつじが丘学舎では「性教育委員会」から「こころの会」と名称変更した委員会が中心となり「こころとからだの大切さを考える会」をスタートさせ、発達年齢に応じた性教育や自分を守る方法を身につけることを重点に置いた性教育のプログラムを作成しました。

性教育のプログラムの作成

　教科書として、『いいタッチわるいタッチ——だいじょうぶの絵本——』（安藤由紀、復刊ドットコム、2016年）、『わたしのはなし』（山本直英・和歌山静子、童心社、1992年）、『せっくすのえほん』（水野都喜子、子どもの未来社、2001年）、『ぼくのはなし』（和歌山静子、童心社、1992年）の4冊を用います。教材は目で見てわかるようポイントとなる部分をラミネート加工し、マグネットを付けた教材を作成しました。高学年には性器の正

しい名称を教えます。さらに思春期に悩む内容をフリップ形式のＱ＆Ａで学べる教材に仕上げました。

性教育の実践

　実践方法として、幼児は男女を分け、2人から4人の少人数で実施しています。

　小学生は男女、低学年、高学年に分けて実施しています。幼児は帰園時間の早い曜日の帰園後に、小学生は休みの日の昼食後に実施しています。所要時間は約20分です。

　『いいタッチわるいタッチ──だいじょうぶの絵本──』では、「いいタッチわるいタッチ」とはどのようなことか、日常生活から振り返り考えていきます。「自分だけの大切な場所」とはどこかを一緒に考え、自分だけの大切な場所を見られたり触られたりしたときは「嫌だ」と言ってよいことを伝えます。『わたしのはなし』では、「プライベートゾーン」とはどこなのか、プライベートゾーンの約束、「見ない」「見せない」「触らない」「触らせない」「言わない」「言わせない」を教え、自分のプライベートゾーンを見られたり触られたりしたときには「大きな声でやめてと言う」「逃げる」「大人に話をする」と教え、実際に練習します。『せっくすのえほん』では、「自分たちはどのように生を受けて母のお腹の中で成長し、どのように生まれたのか」「いのちの大切さ」について一緒に考えます。『ぼくのはなし』でも「自分たちはどのように生を受けて母のお腹の中で成長し、どのように生まれたのか」「いのちの大切さ」について一緒に考えます。

　子どもたちと話をしながらホワイトボードにラミネートした教材を貼り付けて進行していきます。振り返りに重点を置き、ポイントとなることを印象づけるよう教えています。どの回もはじめに「こころの会とは自分のこころとからだの大切さを一緒に考える会」だと伝えます。約束ごとは「立ち歩かない、何か言いたいときは手を挙げて話をする」ことです。1年を通じて、幼児は7回、小学生は同じ内容を5回で実施します。

まとめ

　児童への性教育を始めて2年が経過して、子どもたちにも「こころの会」が浸透し、日常の中で性的な発言をする子がいたら、まわりの子どもから「こころの会で教えてもらっていることやで」と教え合う様子が見られるようになってきました。委員会は生活担当職員3名で始めましたが、現在は心理士、看護師も加わり7名で運営しています。現場の意見だけでなく、心理面、医学的な意見も取り入れ、新たな教材の作成や緊急時対応マニュアルの作成など委員会の幅を広げ、子どもたちのこころとからだを守る方法を模索しているところです。施設内の児童間での性暴力を根絶することは難しいかもしれませんが、性暴力の早期発見、自分で自分を守ることができる力、人を大切にするこころが少しずつでも育つことを願い、継続的に実践しています。

5-7 性役割が未分化な子どもの性被害・加害の予防について

和歌山県子ども・女性・障害者相談センター　松岡　円

はじめに

　エリクソンの心理社会的発達モデルによれば、生後14か月までの乳児は母親との依存関係の中で守られ、快適さを与えられながら自分を取り巻く世界に対する安心感や信頼感を獲得すると考えられています。最初は母子一体であったところから、自他の区別がつきはじめ、他と区別して母親を認識するようになり、母親との絆を中心として情緒的な交流を体験しはじめます。母親からの一貫した情緒的な働きかけが、のちに子ども自身がモラルを獲得する基盤となるとされており、安定した保護的な環境の中で子どもの社会性や自己肯定感の基礎が築かれます。

　幼児期から児童期（12歳頃まで）にかけては、家族に始まり、友人や教師との関係を通して基本的な感情や情緒的な応答、さらには身辺自立や社会規範などを獲得していく時期です。この時期の子どもの情緒・社会性の発達は、周囲の反応を鏡のように映し、取り込み、反映しながら進んでいくと考えられていることから、性に対する子どもの認知も、子どもを取り巻く大人の行動や、子どもへの関わり方を通して形作られていくと考えられます。

自分と相手の境界（自分の身体は自分のもの、相手の身体は相手のもの）

　和歌山県子ども・女性・障害者相談センターには、思春期以後、性被害や加害の当事者として相談に来所する子どもが大勢います。性にまつわる困難さを抱えた子どもたちと面接を重ねていくと、幼少期から周囲の大人に安定した関わりを提供されてこなかった者や、子ども自身が社会性の発達にハンデキャップを有している者が多いことに気づかされます。とくに幼少時から、家庭内に不特定多数の大人が出入りしていたり、DV（ドメスティック・バイオレンス）など大人同士の間で権利侵害が頻繁に起きていた、あるいは保護者に精神疾患があり、子どもの情緒反応に十分に応答できなかった場合などは、家庭や子どもを取り巻く世界に境界がなく、子どもも自他の境界線を獲得できていないことが多くあります。

　こうした子どもたちは、低年齢であるがゆえに、社会的な「性」の意味を十分に理解できないまま自分の性的な権利を侵害される、あるいは他者の性的な権利を侵害してしまうことがあるのです。

あなたも相手も大切な存在であることを学ぶ

　子どもを守っていくためには、子どもや周囲の大人が、互いの境界を確認し、権利を尊

重し合いながら、安全に日常生活を営む経験がとても大切であると考えます。そのことは大人自身にも、健全な影響力を与えます。そのうえで身体や性は個々のものであり、あなたも私も大切であるということを繰り返し、具体的に伝えていく必要があります。

ソーシャルメディアが伝える「性」に関わる情報への懸念

　子どもの性被害、加害に関する相談件数は年々増加傾向にあります。一因として、子どもの性の問題に対して大人や社会が関心をもち、積極的に向き合うようになってきた結果、認知件数や相談件数が増加しているのではないかということも考えられます。一方で、子どもたちが、社会的な意味を理解しないままに、低年齢からインターネットやSNSなどを通して大量の無分別な情報（なかにはかなり不適切なものも含まれる）に暴露されつづけた結果、性に対する歪んだ認知を獲得していたり、年齢にはとうていそぐわないような性的行動を呈していることも多く観察されます。

　ソーシャルメディアの影響については今後、議論が進むことが期待されますが、テレビでさえ、性や身体的特徴を商品化したり、嘲笑するような内容が安易に放送されており、「これを見た子どもたちは誤解しないだろうか？」と不安になることがあります。このようなことから、子どもの「性」の健全な育ちを守るためには社会全体で議論し取り組んでいく必要があると考えます。

まとめ

　子どもの情緒・社会性の発達を支え、育む環境として、とくに性に対する子どもの認知形成への影響を考察しました。昨今、家庭や子どもを取り巻く世界に、大人と子どもの境界がなく、その結果、子どもも自分と他者の境界線を獲得できていないことが多くあります。気づかないうちに、幼少期の子どもたちが、性被害にあう、被害にあっていても気がつかない、訴えられないことが多く生じています。

　家庭内でのちょっとした心がけ（子どもが小さいうちから、親が裸でうろうろしないなど）により、大人も子どもも「性」に関しての境界線を守り、大切にしていることの第一歩となります。また、子どもの性的関心の芽生えに敏感であり（敏感すぎる必要はなく）、「性」を家庭内でけっして触れてはいけない話題として扱うのではなく、品位を保ちながらも「生きることと密接に関係している性教育」として親子で率直に語る時間や環境を提供することが重要であると考えます。

ミニ総括⑤

　本章の中で、森下は次のように述べました。「子どもと関わる大人が、一人ひとりの子どもの発達に寄り添いながら、性への芽生えにていねいに応答していくことが大切です」。本章のエッセンスが凝縮された一文です。

　家本が述べたように、人権として性教育をとらえることは、子どもの福祉を最大限尊重するという子どもの権利条約や本邦の児童福祉法の理念にも合致する重要な提言だと思います。また、養育者に対する具体的助言が詰まった西原の文章は、養育者とその支援者にとって非常に役立つものでしょう。

　そして、他の方が、助産師、児童心理治療施設、児童養護施設、児童相談所、性被害者支援センターといった専門職として、あるいは専門機関のスタッフとしてさまざまな場所で奮闘されていることにほっとすると同時に、その場所の多さに、子育て支援と児童福祉が重なる領域に性加害・性被害の問題が位置することを再認識させられます。

（山本　朗）

6章 疾風怒濤期

【概説】疾風怒濤期の性教育の課題

　第二次性徴を経験する思春期（主に中学生）は、本人にとっても周囲の大人にとっても、まるで人生の嵐のような時期であることから、疾風怒濤期と区分しました。

　和歌山モデルでも言及していますが、疾風怒濤期を乗り切るためには、自分の身体（性に関する変化）への正しい「基礎」知識が不可欠です。

　また近年話題になっている、SNSと性の問題、間違った性情報、LGBTなど性の多様性、性犯罪についてなど「応用」知識も必要です。そして自分だけの「性」の問題だけではなく、交際のマナー、互いへの尊重、境界線、性衝動のコントロールなど「実践」的な知識も大切です。話しにくい内容とはいえ、教育現場や「家庭」で話し合うことの価値も再認識する必要があります。

　本章では、発達につまずきのある子どもへの家庭での性教育（西原）、児童自立支援施設での支援（岩田）、第二次性徴にともなう身体・気分変調の変化（古宮）、児童相談所での性加害児への心理士としての支援（西川）、医師としての治療的介入（山本）、性被害・性加害を予防するために必要な性知識（浦田）が描かれています。

6-1 発達につまずきのある子どもへの家庭における性教育

和歌山信愛女子短期大学　西原　弘

はじめに

　健常の子どもなら、親の知らない間に問題を乗り越えていることであっても、発達につまずきのある子どもが性の問題に直面した場合は、より困難が発生しやすいものです。それは、相談相手となる仲間をつくることが困難で、情報の適切な取捨選択ができずにインターネットなどの偏った性に関する情報を素直に受け入れてしまいがちになり、誤った判断をしてしまうことがあるからです。また、対人関係スキルの弱さや羞恥心のなさが誤った性行動に結びついてしまい、周囲からの誤解を生じてしまうこともあります。だからこそ、「自然と学んでいく」「寝た子を起こすな」と考えて放置することなく、親は子どもが性の問題に直面したことに気づいたら素早く手を差し伸べる必要があるのです。

　家庭における性教育は具体的にわかりやすく、率直に、視覚的情報も活用して、明るく、自然な態度で伝えることが大切です。性に対する相談相手は同性であることが望ましく、親や同性の支援者との間に何でも相談できる関係を保ち、身近に具体的な男性モデル・女性モデルを示すことが重要です。

実践①　第二次性徴への指導

　第二次性徴による身体の変化は、発達につまずきのある子どもにとって大きな戸惑いと不安を生みます。親は男子の自慰行為に対する過剰な反応や女子の生理に対する嫌悪感などをもつことなく、明るく、自然な態度で安心できるように教えてください。

　男子の自慰行為は性的な気持ちのコントロールや情緒の安定につながります。けっして否定的な対応にならず、望ましい行い方を父親または同性の支援者から明るく伝えることが大切です。まず、行為を行ってもよいところを教えます。自分の部屋や一人で風呂に入るときなど、一人になれる場所でのみ行うこと。また、一人になれる場所以外（教室や公園など他人がいるところ）ではしないこと。どれだけ見られないようにしても、必ず見ている人がいることを伝えます。自分の部屋でも不意に家族が扉を開けることもあります。行為が見られないように、ついたてを立てる、タオルケットを掛けて行うなどの「とっさに見られない工夫」も教えてやることが重要となります。行為を行う前と後には手を洗い清潔に保ち、性器を傷つけないように気をつけること。使用済みのティッシュは袋に入れてゴミ箱に入れることも教えてあげてください。

　女子の月経への対応は、初潮の前の早い段階から、月経が起こることを教え、「心の準備」をしておくようにすることが大切です。母親や同性の支援者の月経に立ち会わせ、生理用品の使い方を実際に教えます。また、月経を迎えたときは「私、生理来た！」など大

勢の前でおおっぴらに言わないことも伝え、周囲に気づかれないような生理用品の携帯方法も教えます。月経痛は病気ではなく、つらいときは我慢せず母親や女性の先生に相談したらよいことを伝えてください。子どもに月経を教えるとき、手当ての煩わしさや月経痛などのしんどさが強調されると、子どもの心は不安になるだけでなく、自分の身体を否定的に受け止め、第二次性徴を肯定的に受け入れられなくなる恐れがあるので、できるだけ月経をマイナスイメージに感じさせない対応が大切です。

実践②　恋愛感情の芽生えへの対応

　恋する気持ちをもつことは自然なことであると同時に、気持ちのコントロールは発達につまずきがあってもなくても難しいものです。発達につまずきのある子どもは、対人関係スキルの弱さをもっていることが多いものです。そのため、異性との接し方については、親や支援者が適切に助言することが大切となります。

　男子の場合、父親や同性の支援者に期待されることは、女性は大切にすべき存在であり、相手の気持ちを尊重すべきであることを教えることです。相手の気持ちや配慮すべきことをわかりやすく教えます。また、異性との関係には失敗がつきものなので、たしなめたり、抑制したり、励ましたり、慰めたり、愚痴を細やかに聞いてあげたりしてください。そうしているうちに望ましい異性関係を学んでいけるようになるのです。

　女子の場合、同性である母親は恋愛のよき相談相手となり、子どもの思いを最初から否定せず、しっかり受け止めてあげる必要があります。父親ができる支援は、直接的なことは母親に任せて、適切な距離をとって見守り、何よりも、よき男性のモデルを示すことが大切です。これは異性を見る目につながることになります。

　また、自分にとって嫌なことははっきりと「いや」と言える意思表示のスキルを育てていくことがとても大切です。「いや」と言わないといけないことをされたときは、すぐに親や支援者に相談することが大切であることを教え、けっして被害にあったことを「お前が悪い」などと責めることがないよう、嫌だったことや怖かったことに共感し、伝えられたことをしっかりほめ、受け止めてあげることが重要です。

まとめ

　子どもが性の問題に直面するとき、結局は親の性への成熟度が問われます。性の話題を忌み嫌う、否認する、避ける、茶化すという未熟な態度ではなく、大人のほうこそ対等な人間関係に基盤を置いた成熟した性のあり方が求められているのです。

　願うべきことは、「子どもが『私（の身体）は大切なもの、性は素敵なもの』と感じ、素敵な性を生き生きと自分らしく生きられる素敵な大人になってほしい」ということなのです。発達につまずきがあるからこそ、親は子どもの特性に応じたていねいでわかりやすい支援を行い、心から子どもの健やかな成長を願いたいものです。

6-2 児童自立支援施設における性加害児童への支援

児童自立支援施設 和歌山県立仙渓学園　岩田智和

はじめに

　児童自立支援施設は、「不良行為をなし、又はなすおそれのある児童」および「家庭環境その他の環境上の理由により生活指導等を要する児童」を入所・通所させ、自立に向けた支援等を行う児童福祉施設です（児童福祉法）。小集団（概ね10人ほど）による寮生活の中で日々の生活体験を積み重ねるとともに、「枠組みのある生活」や家庭的雰囲気の中での支援を伝統的に重視しています。また施設内に小・中学校（分校や分教室等）が併設されており、生活のほとんどが施設内で行われるのが特徴です。

　近年、全国の児童自立支援施設では、性加害行為を理由とする入所児童（以下、性加害児童）が増加しています。このため、性加害児童に対する対応・支援が喫緊の課題となっており、各施設が支援のあり方について試行錯誤を重ねている段階にあります。

包括的アセスメントと性加害防止に向けた心理教育

　当施設では、入所後1週間の時点で心理療法担当職員によるオリエンテーション面接を実施します。その中で暴力および性に関する予防教育を行い、集団生活を送っていくうえで重要となる人権や性行動のルール等について説明（枠組みづくり）をします。その後、約2週間に1回（60分）の個別心理面接を継続的に実施していきます。心理面接では「生い立ちの整理とケア」と「性加害防止に向けた心理教育」を主要なテーマとしています。

　生い立ちの整理の中で、性被害や被虐待経験あるいは他の加害行為等が明らかになることもあります。性加害児童自身による人生の語りに耳を傾け、その整理とケアを行うとともに、生い立ちの中で体得してきた思考や感情、対人関係等を理解していく作業が必要と考えます。心理面接や心理アセスメントとあわせて、寮職員や教諭、精神科医師によるアセスメント（行動観察、社会診断、教育評価、医学診断等）も実施していきます。性加害児童の個々の特性等に応じた適切な支援を行うには、このように日々の生活を通しての包括的アセスメントが何より重要といえます。

　性加害防止に向けた心理教育では、発達特性等に応じた個別のプログラムを実施します。被害者を出さないための再発防止がプログラムの第一目的であり、性に関する歪んだ認知や行動の修正に対するアプローチが必須となります。主な内容は、性加害行為の確認と直面化、性加害行為に至る思考・感情・行動サイクルの把握と修正、被害者感情の理解、再発防止に向けたプランづくりとなります。あわせて、基本的な性教育や性的欲求への対処法、性行動のルール、自他の境界線の尊重、ストレス対処法等をプログラムに組み込んでいきます。

生活を通しての支援

　性加害児童に限らず入所児童の多くは、不適切な環境下で不安定あるいは不規則な生活を送ってきています。そのため、まずは栄養バランスのよい食事や十分な睡眠等の生理的欲求をきちんと満たしてあげるところから支援が始まります。それとともに、寮や学校での日課を通して生活リズムを整え、保護された環境の中で安心・安全感を育んでいきます。このように生活環境を整え、安定した生活を積み重ねていくだけでも十分治療的となり、児童に変化をもたらします。

　こうした日々の生活の中で、寮職員が児童とともに汗水を流し、濃密な時間を共有することで児童のよきモデルとなり、特定の大人との基本的信頼関係が少しずつ築き上げられていきます。こうして築き上げられた生活環境と関係性が、施設における性加害児童への支援基盤となります。それをもとに心理面接での心理教育と寮や学校での生活指導とを結びつけることで、施設内での相互補完的アプローチが可能となります。性加害児童にとっては、性加害防止に向けた学習と実践の場といえます。

　こうした生活を通しての支援の中で、外的枠組み（環境やルール等）から内的枠組み（自己コントロール力や道徳観等）の強化へと移行していくとともに、対人関係の改善や自己効力感を高めていくことへとつながります。

　性加害行為の再発防止は、施設内支援のみで完結するものではなく、退所後支援をいかに行うかも重要なポイントになります。入所中から保護者や地域の関係機関と連携を図り、退所後の環境調整や児童、保護者等へのサポート体制を築いていくことが、よりよい行動の定着および再発防止へとつながっていきます。

今後の支援に向けて

　性加害児童と向き合う中で、性加害児童の性に関する知識の乏しさや誤り等が顕著に見られます。これらは適切な性教育や人権教育を受けてこなかったことを意味しています。ユネスコが中心となって作成した『国際セクシュアリティ教育ガイダンス』（2017）では、5歳から18歳以上を四つの年齢グループ・レベルに分け、六つの基本的構想（①人間関係、②価値観・態度・スキル、③文化・社会・人権、④人間の発達、⑤性的行動、⑥性と生殖に関する健康）と、それに対する内容項目および学習目標を設定しています。今後、児童自立支援施設においても、ユネスコのガイダンスを基準とした包括的な性（人権）教育プログラムの構築が必要と考えます。

《引用文献》
ユネスコ（編）．浅井春夫・艮香織・田代美江子・渡辺大輔（訳）．（2017）．国際セクシュアリティ教育ガイダンス――教育・福祉・医療・保健現場で活かすために――．明石書店．

6-3 第二次性徴にともなう心身の変化

たいようこどもクリニック　古宮　圭

はじめに

　子どもはいつから大人になるのでしょうか。自分自身についても、いつから大人になったのかという問いに答えることは難しいかもしれません。子どもが成長して大人になっていく過程で、心身ともに変化する時期のことを思春期といいます。男の子は男の子らしく、女の子は女の子らしく身体が変化し、著しい身長の伸びを認めます。これらの思春期の変化が何をきっかけに始まるかは現在でもまだ正確にはわかっていませんが、性ホルモンが上昇することにより第二次性徴があらわれ性差がはっきりしてきます。身体の変化が急に出てくるために、これまでの自分との違いに戸惑い、他者と自分の違いを意識しはじめる時期でもあります。

第二次性徴の成熟

　男女の違いをつくり出すことが第二次性徴の大きな意味です。男女の違い、いわゆる性差があることで本能的に異性に興味をもち、恋愛感情をもつきっかけになります。思春期の変化は、脳にある視床下部や下垂体、女性にある卵巣と男性にある精巣からそれぞれ分泌される性ホルモンの相互作用により調節されています。女児では乳房が大きくなる、男児ではペニスや睾丸が大きくなることが第二次性徴の始まりです。一時的な変化でなく、少しずつ進行するようであれば思春期と考えます。

　それと同時に、身長と体重の増え方がこれまでの1年間の増え方より急激に大きくなります。男女ともに成長の増加のよい期間が2〜4年間ほどあり、これは成長期といわれます。女児は乳房や腰に脂肪が増えてふっくらとし、陰毛が生えてきます。身長の急激な増えが少し落ち着いたころに初潮を迎えます。男児は睾丸のサイズが大きくなり、陰毛が生え、体毛が濃くなり、声変わりをします。初潮や声変わりをしてからも第二次性徴は進みます。第二次性徴の成熟は女性では月経周期が安定するまで、または男女ともに身長の増えが止まる17歳頃までと考えられています。その他では声の性差が思春期に明らかになります。男性では喉頭筋が発育し喉頭隆起として突出しますが、女性では声の変化が起こりません。女性では身体の脂肪が男性の2倍になり、男性では筋肉や骨の重さが増えて骨格筋量は女性の1.5倍になります。

　思春期は性差をつくり出す以外では、骨を強くするために重要な時期です。骨密度が骨の強さに関わりますが、思春期の間にカルシウム、ビタミンDなどの栄養摂取と運動がその後の骨密度に強く影響を及ぼし、女性では16歳、男性では17歳で最大になることがわかっています。人間の骨格の基本的な骨や筋肉を作る時期であり、思春期の栄養と健康

がその後の健康寿命に関わっています。第二次性徴が成熟するまでの期間は、体質的な要因と食事や運動などの環境的な要因が関わって個人差があります。食事量を減らすダイエット、強いストレス、過度なスポーツは第二次性徴の成熟を遅らせることもあります。

　第二次性徴が成熟するよりも前、つまり初潮を迎えたばかりの女児でもセックスをすれば妊娠する可能性があります。小児科医の視点からは、男女ともに第二次性徴が始まる頃には性に関する知識や思春期の心身の変化に対する説明が必要と感じます。大人からきちんと説明してもらう前に、最初の情報源がアダルトサイトになってはいけないと思います。それ以前でも、家庭の中で子どもたちが「赤ちゃんはどこからくるの？」という疑問をもったときに、男女の違いや性についてはぐらかさないで答えることが大事と考えます。

注意すべき第二次性徴

　注意すべき第二次性徴として、思春期早発症と思春期遅発症があります。思春期早発症は年齢に合わない第二次性徴の進行があり、たとえば、小学校入学前に乳房が大きくなる、幼児なのにペニスが大きくなるなどです。人種により第二次性徴の始まりには差がありますが、日本人では、女児は7歳半より前に乳房の発育がある場合と男児では9歳前にペニスと睾丸などの発育がある場合に思春期早発症の可能性があります。思春期の始まりにより性の成熟が早くなることだけでなく骨の成熟が進むため、最終身長に達するのが数年早くなって低身長になることもあります。思春期早発症に対して治療が必要かどうかはその年齢や原因によります。まれですが、脳腫瘍が原因で思春期早発症が起こることがありますので、気になった場合は早めに診察を受けましょう。

　また、思春期遅発症と考える年齢は女児でおよそ13歳、男児でおよそ14歳です。性ホルモンの補充が必要になる可能性もあり、女児では12歳、男児では13歳で思春期発来がなければホルモン検査や染色体精査を考えることがあります。体質性思春期早発症と体質性思春期遅発症というものがあり、これは生理が早かった人や成長期が遅かった人が両親のどちらかにいて、その体質が子どもにも受け継がれることがあります。その場合のほとんどは治療の必要がありません。

まとめ

　子どもから大人への移行期にあたる思春期の変化は大切な変化です。これまでの自分との違いに気づき、他者と自分の違いを意識しはじめて自己を確立していく時期です。この頃は親の言うことより自分の考えのほうが正しいと感じることが多く、思春期の子どもは認めてもらいたい欲求が強くなります。「子どもを認める言葉」をいくつももてるようにしましょう。また、性差や性の成熟についてはぐらかさないで子どもたちに答えていくことが大事です。子どもが知りたいことには真剣に、愛情たっぷりに答えていきましょう。

6-4 児童相談所における性加害行動を行った子どもへの支援

和歌山県子ども・女性・障害者相談センター　西川順也

性加害行動を行った子どもへの支援とその課題

　和歌山県子ども・女性・障害者相談センター（和歌山県中央児童相談所）では、『回復への道のり』（カーン，2001）という性問題行動の治療プログラムを活用し、性加害の再発防止に取り組んでいます。このプログラムでは、子どもが自分の性加害行動を認める中で、その行為に至る行動パターンを理解し、対処していけるように心理教育やふりかえりを繰り返し行います。その効果は、再発防止だけでなく、共感性の向上や自尊心の回復にもつながっていくものです。

　しかし、このような治療プログラムだけでは、治療への抵抗や問題の回避、意欲の低下が起こることがあります。また、プログラムが子どもの行動に焦点を当てているため、支援者に「性加害は子どもの問題」という認識を強めます。それは、容易に子どもの自責感や無力感、不信感につながります。反対に、親が子どもの性加害を自分の養育と結びつけることで、子ども同様に傷つくこともあります。

　本来、心理的支援は、子どものさまざまなニーズをできるかぎり尊重し、固有の課題にチャレンジするための安心できる環境を保障するものです。ところが、「性加害」という問題が起こると、親や支援者は「性」という視点から離れられなくなり、子どものニーズや親子関係、生活環境の影響を軽視してしまうのです。

　以上のような問題意識を踏まえて、子どもがもつニーズに注目しながら、両親や担任教諭との協働を通じて生活環境にアプローチした事例を紹介します。

事例：基本的なニーズに注目し生活の充実を図ることが、性加害の再発を防ぐ

A：13歳　男子（通常学級在籍、中学1年生）
問題：小学生女児を人気のない場所に誘い、性器に触れる行為を複数回行う。
キーパーソン：両親・担任教諭B
状態像：知的水準は境界域。考えや感情を言語化することが苦手で低学力。運動能力は高いが、友人関係で自己中心的な発言が多い。性に関する知識は乏しい。
支援の実際（期間：X年～X年＋1年6か月）：警察より児童相談所に通告。初回面接は、子どもと両親に、担任教諭Bと生徒指導教諭が同席。筆者は、子どもと関係づくりを行いながら、再発防止をねらいとして、性加害にともなう責任（例：一時保護の可能性）や対処行動について話し合った。両親らとは、見守り体制を検討し、当面の再発防止計画を立てた。2時間近い面接で全員が疲労困憊したが、生徒指導教諭が「安心材料ができた」と両親を励まし、B教諭は、Aの取り組みを評価した。これにより、面接室は温かい雰囲気

に包まれ、Aは安心した様子を見せた。

　2週間後、Aは比較的リラックスした様子を見せたが、両親は依然重苦しい雰囲気のままだった。面接では、性に関わる問題だけでなく、Aの生活を全体的にとらえるため、グッドライフ・モデル（プリント，2013）を参考に、加害行為当時のAの基本的ニーズについて話し合った。Aは、当時をふりかえり、学業不振や対人関係の問題から孤立気味で「クラスがしんどかった」と話した。このことは、性加害行動が、人との関わりや情緒的ニーズを満たす手段になっていた可能性を示唆するものであった。この見立ては、両親とB教諭に共有され、「性加害行為の背景には、満たされないニーズが影響している」「再発防止には、Aの生活充足度を高めることが不可欠」という旨を説明した。このやりとりで、母は初めて涙を流し、父は「息子を性犯罪者と勘違いしていた。Aも苦しんでいたのだ」と複雑な表情を浮かべた。養育面で課題のある家庭であったが、「Aの生活充足度を高める」という目標のもと、最後まで欠かさず来所を続け、Aとの関わりや家庭環境について話し合ってくれた。

　Aとの心理面接では、治療プログラムを継続しつつ、生活の中でいかに自分のニーズを適切な方法で満たしているかについて話題にした。感情調整や対人スキルの弱さがあったことから、その練習にも回数を重ねた。このような面接を続ける中、Aの言語化能力も向上し、加害行為のふりかえりと自己理解につながっていった。

　以上のプログラムと並行して、B教諭とのコンサルテーションを重ね、所属学級に集団づくりのワークや対人スキルの習得を促した。B教諭の授業スキルは高く、Aとの良好な関係もあり、Aの学級満足度は短期間で改善した。プログラムの全セッションに同席したB教諭は、校内でもAとの面談を定期的にもち、プログラムのふりかえりや生活ニーズの充足のサポート役を果たした。

まとめ

　性加害行動の治療プログラムは有効なツールとなりますが、それのみで再発防止できるわけではありません。発達障害や困り感を抱える子どもの多様なニーズに注目し、親子関係の健全さや集団がもつ支援機能を活性化させてこそ、心理的支援の価値が十分に発揮されるのです。

《引用文献》
カーン，T. J.（2001）．（藤岡淳子監訳，2009）．回復への道のり　パスウェイズ──性問題行動のある思春期少年少女のために──．誠信書房．
プリント，B.（2013）．（藤岡淳子・野坂祐子監訳，2015）．性加害行動のある少年少女のためのグッドライフ・モデル．誠信書房．

6-5 性加害行動への認知行動療法を基盤とした治療的介入

東大阪市立障害児者支援センター　山本　朗

はじめに

「性加害として思い浮かぶのはどのようなことですか？」、この問いへの答えとしてみなさんは何をあげるでしょうか。痴漢や強制わいせつをあげるかもしれません。これらは被害者の身体に直接触れるタイプの性加害行動です。あるいは、のぞきや盗撮かもしれません。これらは被害者の身体に直接は触れないタイプの性加害行動です。このように分類も可能な性加害行動ですが、刑罰の重さに違いはあるものの、加害者（児）が不適切な思いから生じた加害行動の実行を抑制できなかったという点ではすべて共通しています。したがって、性加害行動の再発を防ぐためには、加害者（児）が不適切な行動に至るプロセスを自覚し、その行動を抑制するスキルを身につけることが重要となります。そして、本邦の司法や福祉での実践にもあるように（藤岡，2017；嶋田，2010）、このスキルを身につけるために認知行動療法を用いた介入は効果的です。

子どもの福祉の専門機関である児童相談所は、医師、児童心理司、児童福祉司などの多職種がチームで働いています。本節では、筆者（精神科医）がチームの一員となり、児童相談所で実施した認知行動療法を基盤とする治療的介入についてモデルケースをあげて、その要点を二つ述べます。

自身の認知や感情に気づき、それらのつながりを認識する作業を通して、加害児自身がリスクを認識できるようにする

治療的介入では、まず、さまざまな情報源から本人や家族などに関する情報を得たうえで、本人に面接し、児童心理司による心理テストを行います。それらを踏まえ、ケースフォーミュレーションを行い、児童福祉司とともに、「今後、性加害行動をしないため」の取り組みであることを本人と親に提示し、本人に対しては治療への意識づけを行い、親との協力関係を結ぶよう心がけます。そして、ワークブック（藤岡，2006）を参考にしながら性加害回復プログラムを開始します。

プログラムでは、認知や感情について理解させたうえで、日常のできごとを取り上げ、自身の認知や感情に気づかせ、それらのつながりを認識させます。次に、性加害行為に至る状況における認知や感情、身体反応への気づきとそれらのつながりを認識させます。これらを図示しながら、性加害に至るリスクの高い状況、不適切な行動等を認識させ、治療者と共有します。

（ケースC）中学2年男子。放課後に校内女子トイレをスマホで盗撮していた。盗撮は性加害行動の一つであることを明示したうえで、プログラムを始めることになった。プロ

グラムに対する本人の理解・取り組みは比較的良好で、自身の認知や感情に気づき、それらのつながりを認識する作業は順調に進んだ。盗撮したくなると「ドキドキする」と述べ、性的興奮と結びついた期待感に近い感情と身体反応の存在を言語化した。放課後に女子トイレのある校内に行くこと、学校でこっそりとスマホを持っていることは加害に至るリスクであると認識された。

再加害を予防するための具体的スキルを身につける

　リスクの高い状況の避け方を指導し、不適切な行動に代替し得る行動を探す作業などを行います。異性との適切な接し方を指導することもあります。これらの具体的スキルの定着を目指して、ロールプレイも行います。なお、本人の年齢や知的機能レベルなどを配慮して、プログラム内容には修正を加えますが、一般的には1回30〜45分のプログラムを5〜8回程度行い、全プログラム終了後、児童福祉司とともに、本人および親と面接を行います。

　Cに対しては、再犯を起こさない健全な中学生活を送ることが周囲の信頼を取り戻すことにつながることを強調したうえで、再加害のリスクを避けるために、①放課後は部室以外の場所には寄らず下校する、②スマホは学校には持っていかない、③自室以外で性的衝動が高まったら目を閉じて深呼吸する、の3点を具体的スキル・約束として共有しました。プログラム終了後は児童福祉司が本人の様子を中学3年まで見守り、再加害もなく、中学を卒業しました。

まとめ

　本節では、治療的介入の要点を説明しましたが、前述したように、本人の年齢や知的機能レベル、認知面や情緒面の特性などを配慮して、プログラムは修正を加え実施する必要があります。また治療的介入では、学校や家庭における環境調整を図る必要がある場合も多く、ケースワーカー（児童相談所では児童福祉司）の役割も大きいのです。治療・支援者がチームを構成し、機能する必要があります。

《引用文献》
藤岡淳子. (2006). 性暴力の理解と治療教育. 誠信書房.
藤岡淳子. (2017). 性問題行動への治療的介入の実施状況とその課題. 日本子ども虐待防止学会第23回配布資料.
嶋田洋徳. (2010). 加害者への認知行動療法. 田口真二・平伸二・池田稔・桐生正幸（編著）, 性犯罪の行動科学――発生と再発の防止に向けた学際的アプローチ――, pp. 169-181. 北大路書房.

6-6 性加害の再犯を予防するために必要な対処スキル

甲子園大学心理学部　浦田　洋

性加害の再犯を予防するには

　性について関心をもつこと自体は悪いことではなく、発達上自然なことです。しかし自然な欲求に従って、性的な問題の加害者になってしまうことは大変残念なことであり、再犯もけっして許されません。思春期に性に関する問題を起こしたとしても、自分に見合った適切な対処法をスキルとしてもっていれば、今後同じような問題を起こさずに過ごすことができると教えることで、再犯を予防することができます。また、性的欲求への対処法を獲得することで自己肯定感を保つよう教えます。

　身体が弱ると身体のどこかに痛みなどの症状が現れます。同様に、心や気持ちが弱ると周囲に迷惑をかけ、周囲に痛みを起こさせる行動を起こすことがあります。性的な行動を起こす人は、その時点で性的な面が弱っているということになります。年齢的には、性への関心が強くなる時期なので、過度に悩む必要はありません。心や気持ちを強くして、その健康さを保てば、再度、性的な問題行動を起こさなくなることが期待できます。そのためには、発達的側面も考慮しながら正しい性知識を与えるとともに、以下のような心や気持ちが弱っているときの対処法を習得する必要があります。

心や気持ちが弱っているときの対処法

　心が弱って困ったときに自分が助けを求める人（親、先生、友だち等）を、今から見つけておきましょう。信頼できる人に、自分の気持ちを話してみましょう。その人たちと話すことで、自分の新たな面、新たな考えを発見できるかもしれません。日記や雑記帳に自分の気持ちを書いてみましょう。自分の気持ちを書き出すことで、自分を客観的に見ることが可能になります。極端に負担がかからない程度に身体を動かしてみましょう。自然の中や屋外で過ごしてみましょう。新鮮な空気は気分を変えてくれます。読書や朗読を聞いてリラックスしましょう。目を覚ましたらよい選択ができるかもしれないので、昼寝をするのもよいでしょう。自分のよいところを、自分自身に言い聞かせます（自己暗示）。紙に、前向きな目標を書いてみましょう。シャワーを浴びたり歯を磨いたりすると、清潔ですっきりした気分になります。絵を描いたり本を読んだり詩を書いたりするといった自分が得意で楽しく自信のあることに取り組んでみましょう。ほかの人のために何かよいことをしてみましょう。

　これらの対処法を試し、気分を集中する練習を続けます。お気に入りの対処法を継続することで、心の健康を増進し爽やかな気持ちで過ごすコツがわかってくるでしょう。自分をコントロールできることを実感できるなら、自尊心を強化することができるでしょう。

ミニ総括⑥

　本章の中で西原は、「子どもが性の問題に直面するとき、結局は親の性への成熟度が問われます。性の話題を忌み嫌う、否認する、避ける、茶化すという未熟な態度ではなく、大人のほうこそ対等な人間関係に基盤を置いた成熟した性のあり方が求められているのです」と述べました。思春期の子どもに接するときに基本とすべき考え方です。また、小児科医の古宮が第二次性徴について、ていねいに説明してくれています。

　本章が対象とする思春期の子どもたちは「おとな」になろうと苦闘しています。そして、高まる性衝動にとまどっています。性衝動が適応的に進めば、他人を愛する恋愛という美しい形に結実します。その一方、性衝動が性加害などのいびつな形で表出されてしまうことがあります。それを予防するとともに、生じてしまった性加害・性被害に対しては介入を行う必要があります。そして、西川の指摘とも重なりますが、性加害に対して認知行動療法も含めた治療プログラムは有効なツールであるものの、プログラムが独り歩きする介入は本末転倒であり、子どもの多様なニーズに着目し、成長を支える姿勢が不可欠であることはいうまでもありません。

　疾風怒濤の思春期には、大人も含めた多くの他者との出会いと別れがあります。心地よい思い出とほろ苦い記憶とともに思春期が終わるとき、青年期の扉が開かれます。

（山本　朗）

7章 多様な青年期

【概説】 多様な青年期における性教育の課題

　多様な青年期（高校生以上）には、「性」に関する「基礎」知識や、指導・支援の内容も多様になります。とくにこの時期に必要な「応用」知識として、和歌山モデルでは、何が犯罪行為にあたるのかという「性」に関連した「法教育」の必要性に注目しました。活動範囲が広がるこの時期に、専門用語で自分たちの置かれている状態像（デートDVなど）を学ぶことや、お付き合いしている人との距離感などについて自己満足、自己過信せず、同年代の友人との情報交換により価値観を共有・参照することも大切です（そのツールの一つとして巻末付録のジェントレカードもご活用ください）。そして、この年代でも家庭で「性」について語る機会は依然として大切であり、「性」に関するアイデンティティが確立されるこの時期に、自分らしく幸福に生きるための応援をし、成長をバックアップする貴重な機会になり得ます。

　本章では、高等学校での「性」に関する課題（上西）、ひきこもり・不登校傾向のある若者（小山・室屋）や軽度発達障害のある若者（小山・長内）の理解と支援について、地域相談支援事業所での支援（山下）、性的マイノリティの当事者の声（チーム紀伊水道）、性暴力被害者の自助グループ活動（井上）、看護学から考える「性」（岡本）、性被害・性加害を予防するために必要な性知識（浦田）が描かれています。さらに、弁護士の立場からの性犯罪に関連する法律と制度（伊藤）、産婦人科の立場からの予期せぬ妊娠・出産を予防する方法と性感染症の近年の動向（松岡）についての概説があり、どちらも基本的知識として知っておきたいものです。また、性加害者を支援する際に認識すべき支援者自身の心的負担と対処法（浦田）では、性加害・性被害はトラウマ的出来事であり、それに関与する支援者も心身への二次受傷のリスクを負うため、支援者自身のセルフケアと支援者同士の支え合いが必要であることが指摘されています。

　最後に、愛着障害の視点から見た性的問題とそれに対する支援を米澤が論じています。本邦では昭和51年にボウルビィの『母子関係の理論』が翻訳出版され、その後、診断基準として愛着障害が定義されました。多くの臨床現場で愛着理論に基づいた支援が行われていますが、その第一人者である米澤の実践と研究の一端を知ることができます。

7-1 高校で性教育を学ぶことの意味

和歌山県スクールカウンセラー　上西祐子

はじめに

　平成13年に「配偶者からの暴力の防止及び被害者の保護に関する法律」（以下、DV防止法）が、さらに平成26年1月には「第三次改正DV防止法」が施行され、配偶者だけでなく「同居する交際相手からの暴力」も法の対象となりました。時を同じくして「ストーカー行為等の規制等に関する法律」も改正が重ねられてきました。

　その頃、高校では、デートDVという言葉が、家庭科の教員や養護教諭を通して徐々に認知されるようになってきていました。高校生の性に関する悩みの相談内容は、上記の法律施行の前後で大きな変化は見られないように思いますが、相談を受ける側の意識が明らかに変わりました。それまでも、交際中の男女間のトラブル等の相談は少なくありませんでしたが、個人的な問題ではなく社会的な問題として、「これってデートDVだよ」と自信をもって助言・指導ができるようになりました。それとともに、高校の性教育も、①家庭科の「家庭総合」「保育福祉基礎」や「保健」の授業による教育、②「妊娠と性感染症」を中心テーマとした生徒指導・健康教育、③「デートDV」をテーマとした人権教育、の三つの領域で行われるようになりました。本節では、人権教育の一環であるデートDVの授業実践について紹介します。

デートDVをテーマとした人権教育

　デートDVをテーマとした人権教育は、(1) 1、2年生を対象とした講座、(2) 3年生を対象としたクラス単位の授業の二つの形態で行っています。

(1) 1、2年生を対象とした「デートDV防止事業による出前講座」

　講座の事前学習として、「デートDVに関する意識調査」を行いました。以下は、アンケート結果の一部です。

　まず、「あなたは『デートDV』という言葉を知っていますか？」という質問に対し、「知っている」24％、「聞いたことはある」23％に比べ、「知らない」と答えた生徒は51％で半数を超えていました。男子の「知らない」59％に対し、女子は44％と男女の意識差が見られます。さらに、「交際相手からの暴力」に対するとらえ方については、「身体的な暴力」を8割から9割の生徒が暴力であると受け止めているのに対して、携帯電話の履歴やメールのチェック、SNSの監視や制限などの「社会的暴力」については、暴力と受け止めているのは全体の2割から3割にすぎません。男女を比較すると、いずれも女子が男子に比べて5ポイント低い結果になりました。自由記述欄には「付き合ったら、付き合っている異性以外としゃべらないのは当たり前のことだ」と記入している生徒もいました。

次に、交際経験のある生徒（全回答者の約半数）のうちの約2割が何らかのデートDVを受け、「どのような行為を受けていましたか？（複数回答可）」に対する回答の上位は、男女とも①「携帯電話の履歴やメールのチェック」、②「SNSの監視や制限」、③「常に自分の行動を報告する」となりました。とくに女子については、9割が①の行為を、約8割が②の行為を受けていました。「社会的暴力」を自分への愛情表現であると受け止めてしまう気持ちに寄り添う必要があると感じました。講座受講後のアンケートでは、「今まで独占欲が強いなあと思っていたけれど、それもデートDVに入っていることがわかってよかった」という記述も見られました。

(2)「人と人とのよりよい関係について考えてみよう」

　本講座は3年生を対象にクラス単位で行っています。「デートDVの実態について理解し、自他を尊重し、課題解決に向けたよりよい関係を築いていく方法を学ぶ」を単元目標とし、①デートDVとは何か、②自分たちのアンケート結果を振り返る、③対等な関係を築くためにはどうしたらよいか、を考えさせる授業展開を行っています。さらに、自分自身を知るためにいかに「アサーティブな関係を築けているかのチェック」を実施し、生徒がロールプレイをしながら、自分への理解を深めています。授業後の生徒の感想には、「お互いを大切にしないといけない」「人の気持ちをもっとわかる人になろうと思った」というものもあり、「自分には関係ない」という考えから「もしそうなったら自分はどうすべきであるか」と考えることができる生徒が多くなったように思います。

高校における性教育に望むこと

　高校には、家庭や学校での経験などによって、自尊感情が著しく低下している生徒も少なからず在籍しています。そのような状況で、男らしさや女らしさなどといった性に関する思い込みや周囲の押しつけ、また大人への不信感などから、交際相手からの束縛などの社会的暴力を愛情表現と思い込んでしまうことも少なくありません。このことは、前述したアンケートからもうかがえます。一方、性教育を行っていく過程で「性＝悪」「性＝汚い」と極端に考えてしまう生徒も中にはいます。

　大半の生徒にとって、高校生活が性教育を受ける最後の機会となってしまいます。高校における性教育が今後の彼らの人生にとって、とても重要な役割を担っていることを、私たちは常に意識する必要があります。人と人とのよりよい関係は、まず自分が大切にされていると実感することから始まります。何より学校が、生徒一人ひとりに目を向け、生徒の話に耳を傾けることができる安心安全な居場所にならなければなりません。そのような環境のもとで、生徒は自尊感情を育み、相手の立場を尊重することを学びます。そういった環境づくりこそが性教育の充実につながると思います。

コラム⑦
デートDVと高校生向けの啓発活動

　和歌山県で、高校生向けのデートDV啓発講座を実施してから約10年が過ぎ、その間、プログラムを扱うファシリテーターとして大勢の生徒・教員と出会ってきました。当初、デートDV防止のための教育（100分授業）を、大切な教科の授業を割いて行うことへの理解が広がりませんでした。しかし、男女の真の平等の感覚を、感受性の柔軟な高校時代から身につけ、デートDVを予防することで加害者にも被害者にもしないという認識が進み、和歌山県教育委員会の協力で授業が実施されています。

　プログラムは、DV支援などで実績のあるウィメンズネット・こうべのワークショップ（参加型）で行われます。ウィメンズネット・こうべでは、中学生や高校生への出張講座を平成19年から続け、受講者は20万人に達しています。平成22年には、和歌山県子ども未来課の支援事業の助成により、デートDVファシリテーター養成講座を実施しました。和歌山県では、男女共同参画課からの予算で、年間10校ほどの高校で実施されていますが、"継続は力なり"で、10年のうちに受講者も1万人を超えました。

　「一生役に立つことを学べました」「束縛は愛されている証拠だと思っていましたが、DVの一種だとわかりました」「お互いに尊重し合える関係が一番素敵だと思った」「もし友だちが被害にあうようなことがあったら、学んだことを思い出して力になってあげられたらいいな」といった生徒の感想から、「自分ごと」として学び、考えていることがわかります。この「自分ごと」としてデートDVについて学ぶことが、生徒にとって大変重要だと考えています。そうすることで、意識してこなかった自分の言動を客観的に考え直し、相手との関係性を見直して、自分の言動に調整や改善の必要性を認めることができるからです。

　このプログラムを「自分ごと」として学んだ高校生が社会人として、他者との違いを認め合い、対等な人間関係を築いていくこと、DVについて関心や理解をもつ人が増えることにより、声を上げられずに苦しむ人をなくす社会の大きな力になることを願っています。

（ウィメンズネット・和歌山代表：片岡玉恵）

コラム⑧
デートDV防止の講座をはじめとしたさまざまな講演や相談支援

　和歌山県で男女共同参画を進める拠点として、和歌山県男女共同参画センター"りぃぶる"があります。"りぃぶる"とは、フランス語のlibre（自由な）という意味からきており、男女ともその個性と能力を自由に発揮できるようにとの願いが込められています。

　男女共同参画社会実現のために、次の四つの機能と役割があります。

①出会いと交流（交流スペースでの出会い、会議室・一時保育ルームの貸出）
②学習と啓発（講座、イベントなどで知識や能力の習得）
③情報の収集と発信（図書・DVDの貸出、情報誌の発行）
④相談と支援（電話等による相談、法律相談、カウンセリング、男性相談）

　親しみやすく男女共同参画に触れてもらうため、蔵書はコミックから専門書に至るまで1万冊程度あり、利用者の希望もうかがいながら毎年300冊程度購入しています。

　幼児から高齢者までが集える明るく眺めのよいスペースです。

　火曜日～土曜日は21時まで、日曜日は17時30分までオープンしています。

　また、講座や講演を通して、自身の問題解決や男女共同参画の推進に向けて、知識や能力を身につけることができます。

　とくに子どもたちには、平成22年度より「デートDV防止啓発事業」を実施し、これまで80校の高等学校、特別支援学校や、養護教諭をはじめ教職員向けにもデートDVの講座を行ってきました。

　平成27年度には、センター主催のデートDV・性暴力防止啓発を目的とした演劇「恋愛人形と7人の悪魔たち」を、りら創造芸術専修学校（現在は高等学校）の生徒が行いました。自分らしさを大切にして「一人で悩まず、まわりの人を頼ってみて。一人で頑張らなくていいんだよ」などと人権意識について語られた言葉が印象的でした。

　平成28年度より和歌山大学から講師を招聘し、「現代社会実践論──キャリアと公務──」という講義の中で男女共同参画について学び、学生には自身で考えて、プレゼンテーションを行ってもらっています。

　平成30年度には、センター20周年記念事業のプレイベントとして、参加者全員が内容を共有できるワールドカフェの手法を取り入れ、大学生限定の本音ミーティングで男女共同参画を意識した理想の未来について話し合ってもらいました。

　子どもたちにはできるかぎり多くの知識を習得してもらい、自分らしくいきいきとした人生を送っていってほしいと願っています。

（和歌山県男女共同参画センター"りぃぶる"）

7-2 ひきこもり・不登校傾向の若者への性教育

特定非営利活動法人 Peer 心理教育サポートネットワーク　小山秀之・室屋賢士

はじめに

　現代の若者の恋愛観や性価値観は変化し、多様化しています。その一つとして、若者の恋愛離れがあります。「恋愛よりも趣味を優先したいから」や「一人でいるのが好きだから」という理由で若者たちは恋人を欲していないようです。つまり、現代の若者は恋愛よりも自分の趣味に時間や金銭を使うことで充足感を得る傾向があるといえます。不登校やひきこもり状態の若者の場合は、他者との関わりが希薄になりやすく、恋愛に対してより消極的になり、趣味の世界に没頭していくことが想像できます。しかし、彼・彼女らも一般的な青年期に見られるように、性に対して関心があります。そのため、今後、彼・彼女らが異性と恋愛関係に至ったときのために性に関する正しい知識を身につける機会を提供することは、彼・彼女らだけでなく、その交際相手を守るうえでも大切です。

性価値観の理解とメディアリテラシーを行うための足場づくり

　不登校やひきこもり傾向にある子どもは友人との関わりが希薄になりやすく、インターネットの使用時間が長くなる傾向があります。そのため、彼・彼女らの得る情報はインターネットからの一方的なものに偏ってしまう恐れがあります。そして、その状態が続くことで、子どもたちは独特な価値観を形成していくことになります。

　性的な情報に関していうと、アダルトビデオや性的な内容を扱う漫画といった現実世界と近接した媒体から得た情報が正しいものだと認識して、「避妊具をつけなくても、膣外射精すれば妊娠しない」「女性のノーはイエス」というように、誤った性に対する価値観を形成してしまう恐れがあります。同世代の友人との性に関する情報交換の場があると、友人の意見を聞くことで、性に関する価値観を修正していくことができますが、彼・彼女らの場合はそのプロセスがない状態といえます。したがって、彼・彼女らに性に関する正しい情報を取捨選択する能力、つまりメディアリテラシーを伝えていくことが重要になります。

　しかし、彼・彼女らの価値観を理解せずに誤りを指摘したり教育的な関わりをすると、反発にあったり、ますます自分の殻に閉じこもる結果になるでしょう。まずは彼・彼女らの考え方や感情、価値観を否定することなく受け容れ、「あなたの考え（気持ち）は〇〇ということかな？」と理解しようとする姿勢が大切です。このプロセスは共感といい、共感を伝えていくことで、子どもたちが現実と自己概念のズレを修正し、自己一致状態へと変わっていくといわれています。子どもは共感されたり、自分が受け容れられていると感じることで、人に対する信頼関係を回復し、心を開くようになる等、対応が変わってきま

す。

　このように、家族や教員たちが不登校やひきこもり傾向のある子どもに関わる際に、彼・彼女らの世界観を理解しようという姿勢で関わることで、子どもを深く理解したり、子どもとの信頼関係を回復させたり、ひいてはその後の介入への足場づくりにつながります。

不登校・ひきこもり傾向のある若者への対応、伝え方

　不登校やひきこもり傾向のある若者の特徴としては、学校での失敗や人間関係での傷つき体験から、他者への不信感や警戒を強く抱いていることが多くあります。そのため、性的な内容に限らず、自分の気持ちを他者に伝えることができるようになるまで時間がかかります。したがって、前述の共感的な関わり方が大切になります。

　十分な共感によって信頼関係が回復した子どもは、「この人なら相談しても大丈夫かな」と警戒心を解いていきます。子どもの警戒心が解け、関係が安定してくると、子どもたちは支援者の声に耳を貸すようになります。そこで、「○○君・○○さんとしては△△という風に考えてるんだね。たしかにそれは漫画の世界では許されるけど、この場合、私は□□のほうがいいと思う」というように、否定語を使わず、アイメッセージで具体的に性情報に関する正しい知識や、メディアリテラシーについて伝えることが有効です。

　アイメッセージとは、「そんなことも知らなくて、これからどうするんだ」というように相手の悪いところを指摘するのではなく、「私はあなたのこれからのことが心配で仕方がないんだ」というように、自分がどう感じているのか、自分は何を望んでいるのかを言葉にすることでコミュニケーションを潤滑にする方法です。

　また、共感的な態度で関わり、アイメッセージを使って接することで、子どもが支援機関につながりやすくなります。不登校やひきこもり傾向にある子どもが再登校に向かうステップとして、居場所支援を利用することが多いです。居場所支援では同じような価値観をもった子どもと過ごすことができ、互いに受け容れられたり、共感しあう経験を通して、学校で行われるような「友人との情報共有」が可能になり、偏った性価値観を修正する機会や、得た知識を般化させていく場にもなるでしょう。

まとめ

　不登校やひきこもり傾向にある若者への性教育の重要性についてはあまり指摘されてきていませんが、社会との接点が少ない彼・彼女らだからこそ、再び社会参画したときのためにきちんとした性教育を行う必要があります。一般的な青年とは背景が異なるため、共感的な態度やアイメッセージによって性に関する正しい知識を身につけて社会に戻ってもらいたいものです。

7-3 青年期の発達課題に関連した性的行動の特徴と支援

特定非営利活動法人 Peer 心理教育サポートネットワーク　小山秀之・長内綾子

はじめに

　発達障害のある子どもが青年期にさしかかったときに生じる性に関する課題——恋愛、異性との交友関係等が、文献でも扱われるようになってきました。発達障害特性がある場合は、性的な被害を受けやすく、障害特性に配慮した性教育や犯罪治療のプログラム開発も進められています。

発達障害特性と性的行動

　一般的に青年期では、男女ともに性や恋愛への関心が高まる時期であり、性や恋愛に興味をもつようになります。しかし、発達障害のある場合、仲間関係や恋愛関係における情緒的つながりを維持することに困難さを抱えることが多く、同年代の恋愛話に関わるのが苦手なことがあります。そのため、「○○歳までに彼女／彼氏がいるのが普通」「○○歳までに初体験をしていなければ遅い」というインターネットや雑誌などの情報を基準に安易に性行動をとってしまうことや、不適切な性や恋愛に関する知識を正しいと思い込んで実行してしまうことも珍しくありません。

　幼少期では問題とならなかった他者に触れる行為（手をつなぐ、肩を触る等）や対人距離（パーソナルスペース）も中学生以降では問題とされることが多く、他者との距離が近いことや、羞恥心がないように見える行動（他人の前で着替える、異性をじっと見つめる、下着が見える座り方や格好でも気にならない等）によって意図せず周囲から「不適切な行動をしている人」とみなされる場合があります。

　発達障害がある場合に、性的な行動が限定された興味の対象となりパターン化する場合や、性非行に発展した際に累犯事例になりやすいとの報告があります。また、感覚の特異さ（感覚鈍麻・感覚過敏）を背景に、性的興奮に関連する自己刺激行動が過剰となる場合や、感覚過敏から身体的接触に過度に嫌悪感をいだく場合もあります。注意欠如・多動症（ADHD）のある児童では、性的な衝動にかられやすく、性感染症や早期の妊娠といった問題に転じる場合や、素行症に移行し性非行に至る場合があるとの指摘が国内外でなされています。さらに他者に騙されていることに気づかず、性的な加害者よりも被害者となるリスクが高いことが多くの文献で報告がされています。

　家族や支援者は、青年期に、社会的にタブー視される性的な行動（人前で性器を触る・異性のプライベートゾーンを許可なく見つめる・触る・撮影する、相手の許可なく付きまとう〈ストーキング〉、恋人以外の人と性行為を行う、大人と子どもが性行為を行う、家族間で性行為を行う等）は、自分にも他者にも行ってはならないことを具体的に伝えるこ

とが大切です。

青年期の発達障害がある子どもの性に対する興味へのサポート

　支援現場では「親には恥ずかしくて言えないけど、気になる子がいる」といった相談や「漫画のセリフや、まわりが冗談で言ったことを実行したら相手に嫌がられた」「好きだから性的な行為をしたら周囲に怒られて意味がわからない」と失敗経験や叱責体験を語られることがあります。「家族に秘密にしたい」ことが前提の青年期の性に関する支援では、家庭外に相談できる居場所やサポーターを確保していくことが望まれます。そのためには、子どもと周囲の大人がサポーティブな関係を構築し、恋愛関係や性への興味を肯定的に聞き、時には助言する機会や居場所を確保することが望まれます。

　関係づくりの第一段階として、本人が好きなことや特技を肯定する場をつくります。次に日常のできごとに加え、好きなタイプや恋愛についてどう思うかといった同年代の仲間関係の中で取り上げられやすい恋愛話を話題にあげていくとよいでしょう。「洗髪や整髪、ひげ・ムダ毛を定期的に処理すること、清潔な服を着用することなど身だしなみを整えることは、素敵な女子／かっこいい大人になるためのマナーだね」「恋愛研究をしよう」など興味をもちやすい言葉を用いて話し合っていくとよいでしょう。

　また、「大人になるまでに知りたい自分の守り方」として、性的なトラブルに遭遇した際に身を守る行動（嫌と言って逃げる、近くの店に逃げ込む、警察に電話をする等）や、被害にあった場合の相談機関や相談者を事前に決めてシミュレーションしておくようにしましょう。家庭内外で子どもの性への興味や被害に遭遇するリスクを早期に把握し、適切な助言と対応を行い、家族や支援者が協働しながら、成長を支えていくことが大切です。

まとめ

　性の問題に限らず、青年期には「他人に言われなくても理解できるのが当たり前」と暗黙の了解を求められることが増えていきます。しかし、発達障害のある場合、暗黙の了解に気づくことは難しく、そのために人間関係や恋愛関係で失敗体験を積んでしまうことも少なくありません。日常会話の中で、性の話題は避けられることも多いですが、青年期の成長を支えるうえでは、性の話題を暗黙の了解にせず、安心して気軽に相談できる場・サポーターが必要となります。気軽に語ることのできる関係性の中で、性に関しても成長と自立を辛抱強く見守る環境を整備したいものです。

7-4 地域相談支援事業所での性を含んだ男女交際の支援

特定非営利活動法人ネオ 相談室ラルゴ　山下眞史

はじめに

相談室ラルゴは、行政から委託されている障害者相談支援事業所です。相談員は和歌山県発達障害者地域支援機能強化事業のOJT研修を受講しており、地域の発達障害特性のある方やその家族の支援、関係機関の依頼による心理検査等を行っています。

今回、相談室ラルゴで行っている発達障害特性のある方への支援をご紹介します。

支援事例

30歳代前半の男性、自閉スペクトラム症の可能性。ハローワークで実施している「こころの相談窓口」に相談し、役所福祉課相談窓口に紹介されましたが、主訴が「結婚したいが、彼女がいない」とのことであったため役所では対応できず、相談室ラルゴを紹介されました。

初回相談では不眠を訴えたため理由を聞くと、将来の不安から夜遅くまでスマートフォンでゲームをしてしまうが、不安は取れずに就寝時間が遅くなっていて翌日眠い。将来の不安とは、結婚相手がほしく地域で行われている婚活パーティーに参加するが、参加者の女性に何を話してよいのかわからなくて会話が弾まず、自己紹介の時間では自分の趣味を話すが、話す趣味の内容があまりにも専門的なために、誰もその話題についてきてくれず、その結果、女性と知り合うこともできず、この先結婚できなければどのような人生を送ったらいいのかわからない、ということでした。

また、以前付き合っていた女性を後ろから抱きすくめたときに、「ぬいぐるみさんに抱っこされているみたい」と言われ、「自分はぬいぐるみではなく人間だ。ぬいぐるみだったらあなたと会話をすることはできない。そんな失礼なことを言う人とは付き合えない」と言って別れたことなどを聞きました。

ほかにも強いこだわりがあることや、感覚過敏があることから自閉スペクトラム症の可能性があり、全般的な支援が必要と考え、相談室ラルゴでの支援を開始しました。

個別SSTでの支援

本人から「初めて出会う女性にどのような会話をしたらよいのか、また趣味を聞かれて、自分の知っていることを話したら嫌がられるのか、聞いてきたのは女性からなのにそれで嫌われるのは納得できない。どうしたらよいのか」と相談があり、女性の気持ちについて一緒に考えてみたのですが、気持ちを想像し理解することは困難であったため、SST（Social Skill Training＝社会技能訓練）を活用することにしました。

通常 SST では、場面設定を考え（この場合だとパーティー会場に設定）、どのような会話や態度をとったらよいか（初めての女性に何を話すか、そのときの態度はどのようにするか）を先に考え、実際に練習してみることを行いますが、相談員が女性ではないので、会話や態度を考えることができずに、実際に本人に初めて会う女性スタッフが実践的に会話を行い、その場で本人の会話や態度のよい点と改善すべき点をアドバイスすることにしました。

　女性スタッフからは、「今の話はよかった」「もう少し私の話を聞いてほしい」「そのようなことは聞いてほしくない」「そこまで趣味のことを話したらついていけないので、これぐらいにしたらどうか」など、具体的なアドバイスを行い、その場面を何度か繰り返し練習しました。また、本人は身体が大きく威圧感があるため、どの位置に立って話をしたら怖がられないかなどもアドバイスし練習しました。

　実際にパーティーに参加したあとに本人の感想を聞いたところ、具体的な会話方法を実践でき、メールアドレスの交換ができたとのことでした。しかしパーティーでの別の課題が出てきたため、再び個別 SST を行おうとしたのですが、前回対応した女性スタッフとは、「このスタッフとは初対面ではないので（初対面での）会話にならない」と訴えがあり、別の初見女性スタッフで同様の練習を行いました。

　相談室ラルゴの女性スタッフは限られており、これを繰り返せば次の対応をどうすればよいかとスタッフ間で話し合っていましたが、次のパーティーでは課題は出ずに、個別 SST は一応の目的を達したことにより終了することになりました。

ピアグループでの性教育支援

　本人から性についての相談が複数回あり、そのつど対応していたのですが、ちょうど同じ頃に複数の対象者からも同様の相談があったため、「男子会」と称して男性だけのピアグループワークを開催し、性教育を実施しました。

　男性相談員がファシリテーター兼参加者として参加し、簡単な調理を参加者で行い、食事しながら恋の話や男性機能の話、どのように女性に接したらよいかなどを話し合い、メディア等からの誤った考え方や歪んだ知識が表出された場合は、アドバイスすることで正しい知識を伝えることを行いました。

まとめ

　今回書ききれなかったのですが、このほかにもメリット・デメリットを明確に考え選択するなど、実践と理論を試行錯誤しながら、その人に合わせた支援を行っています。地域で暮らすためには環境調整だけではなく本人への働きかけも重要と考えています。社会資源の少ない地域ですが、これからも本人中心の相談を心がけていきます。

コラム⑨
女性相談所の取り組み

○概要

　和歌山県子ども・女性・障害者相談センター女性相談課は、昭和32年4月1日に売春防止法に基づく婦人相談所として、対象者の早期発見および自立を図る目的で設置され業務を行ってきました。

　平成13年10月13日「配偶者からの暴力の防止及び被害者の保護に関する法律（DV法）」の施行にともない、平成14年4月1日より配偶者暴力相談支援センターとして、配偶者等からの暴力被害者の相談・支援を行い、生命または身体への危険の怖れがある被害者にはシェルターへの避難を勧めています。

　また、平成27年4月1日から性暴力救援センター和歌山（通称「わかやま mine（マイン）」）が女性相談課へ移管となり、性暴力に特化した相談、ワンストップ化が図れるようになりました（「わかやま mine」についてはコラム⑤、64頁をご参照ください）。

○業務について

　女性相談所は「売春防止法」に基づき、売春を行うおそれのある要保護女子について、その転落防止と保護更生を目的に、また、「配偶者からの暴力の防止及び被害者の保護等に関する法律」に基づき、暴力被害者の保護を円滑に推進するために必要な措置を講じています。婦人保護事業に関する相談業務や県民への啓発活動、女性の福祉に関する事務を行っています。また、和歌山県における婦人保護事業実施の中枢機関として、福祉事務所、女性相談員、女性保護施設などの関係機関と連携を取りながら、婦人保護事業の積極的かつ効果的な実施を図っています。

　相談業務には来所相談と電話相談があります。平成30年度の実績は、来所相談のべ件数264件、電話相談のべ件数4221件でした。来所相談の内訳を見るとDVに関する相談が70％を占めています。

　被害者は、激しい身体的暴力だけがDVだと思いがちですが、経済的な締め付け、束縛や叱責などの精神的暴力、性的暴力もDVです。女性相談所は安心して相談できる環境を用意して、一人ひとりが自分の人生を大切に生きる権利を取り戻すことができるよう、支援を行っています。

（和歌山県女性相談所）

7-5 性的マイノリティ当事者の活動とメッセージ

特定非営利活動法人チーム紀伊水道　安西美樹・倉嶋麻理奈・津村雅稔

はじめに

　チーム紀伊水道は平成16年12月に発足した、和歌山県内で活動する性的マイノリティと性的マイノリティを理解する人のグループです。交流・相談・啓発などを行っています。性の多様性を祝うイベントである「レインボーフェスタ和歌山」（主催：レインボーフェスタ和歌山実行委員会）にも協力し、性的マイノリティを社会で認知してもらう活動も行っています。誰かにいやな思いをさせようという意志をもたない人ならどなたでもご参加いただけます。

当事者からのメッセージ

　学齢期の子どもたちに対するメッセージを含むメールインタビューに対する、チーム紀伊水道メンバー3名による回答を紹介します。

1．自分が性的違和を感じた記憶のあるだいたいの年齢や、それに関係するエピソードなどがあれば教えてください

Aさん（ゲイの男性）

　僕はゲイ（男性同性愛者）なのかなと気づきはじめたのは自我の目覚めと同時期で、性的指向が他の男性と違うんだと気づいたきっかけのエピソードとして、「like」なのか「love」なのか、言葉にできない感情を身近な男の子に感じたのが最初です。家族や近所の期待、女性と結婚するということが理解できず、他の人と違うから隠さないといけないということも同時に察しました。男性性別には、違和感はありません。

Bさん（トランスジェンダー男性・FTM[※1]）

　性的違和を感じたのは5歳頃、人形遊びやスカートをはくことに違和感がありました。

Cさん（トランスジェンダー女性・MTF[※2]）

　割り当てられた性別への違和感を小さい頃からはっきりと感じていたわけではありません。ただ憧れのようなものを感じたのが、小学校高学年の頃「男の人なのにこんな綺麗になるのか」と衝撃を受けた芸能人がいました。しかし周囲への気遣いから、もっていた軽い性別違和感を心の奥底に封じ込めてしまったように思います。

2．まだカミングアウトできないときに、役立った性的な知識、ジェンダーの多様性を認める社会のありように関することなどがあれば教えてください

Aさん

　カミングアウトしていない学齢期までの自分には、周囲に性的マイノリティに関する情報がなく、情報取得をする術がありませんでした。テレビ番組のタレント（ニューハーフ

タレント）が少なからず心の支えになってはいました。成人してからは大学の性的マイノリティに関するサークルの存在や、レインボーパレードの存在は知っていましたが、周囲の人たちにバレたら社会で生きていけないと思っていたので、コミュニティやイベントに足を運ぶことは怖くてできませんでした。

Cさん

性的マイノリティを含めて性に関する情報を得る手段はほとんどなかった世代なので、カミングアウトをしていないときは「女装クラブ」で、女性としての時を過ごすことで心のバランスを保ち、口コミ情報が唯一の情報源でした。

3．カミングアウトを決心した理由と、カミングアウトに対する周囲の反応でうれしかったことや大変だったことがあれば教えてください

Aさん

僕がカミングアウトをしたかった一番の理由は「自分自身にウソをつく」ことがしんどかったからです。ウソをつきながら人生を過ごすのではなく、自分自身に素直に生きるためのカミングアウトでした。カミングアウトは強要されてすることではありません。カミングアウトを通じて友だち関係が解消してしまう、受け止められないと言われたこともありますが、家族や多くの人たちがカミングアウトを受け入れてくれました。僕にとってカミングアウトは人生の一大決心、今、僕が僕らしく社会で生きていけるのはカミングアウトを受け入れてくれた人たちがいるからこそだと感じています。

Bさん

いまだカミングアウトらしいカミングアウトをしていません。小学校では6年間スカートや女子らしい服装や言葉使い、立ち振る舞いをしていなかったことから「おとこおんな」と言われていました。中学校にあがりイヤイヤ制服を着用していましたが、制服の下には体操服を着ていました。言葉使いや立ち振る舞いなどで「レズビアン」と噂がたつと、隠さずに「はい、そうです」と答えていました。「トランスジェンダー」「性的違和」「性同一性障害」という言葉もなく、「レズビアン」が一番近い言葉だと思っていました。今で言う「アウティング」（本人の許可なく暴露すること）がありましたが、イジメの対象になったこともなく、友だちもたくさんいました。周囲の反応で嬉しかったのは、2年前の同窓会で、友人たちが「男とか女とか関係なかった。○○は○○やったからな」って言ってくれたことです。

Cさん

日常生活で周囲から違和感をもたれるように思ったとき、もっとも信頼ができる親友に打ち明けたのが初めてのカミングアウトでした。

4．周囲との関わりで配慮があったらよかったこと、学校の中でもっと環境面で変化してほしいことがあれば教えてください

Aさん

「オカマ」「おなべ」「ホモ」「男同士で付き合うのは気持ち悪い」等の発言が先生から

あったとき、信頼がなくなりました。性的マイノリティの当事者が学校に来て生い立ちや今に至る話をしてくれる機会や、相談ができる場の紹介（チラシ、ポスターでも可）があればよかったのにと思います。

Bさん

誰でも使える「みんなのトイレ」です。しかしハード面の改善は多額のお金がかかるので、先生方が、性的マイノリティについて、しっかりと理解を深めていただき、図書室に性的マイノリティの本などを置くなどをしてもらいたいです。

Cさん

制服があるかぎり、性別は二択になるので制服の廃止です。最近は女子制服にズボン（パンツ）を導入するという学校も増えましたが、けっして配慮とまではいかず、現にトランスボーイは女子のズボンをはくことを望んでいるわけではなく、トランスガールが女子制服を着るほうがハードルは高いと思います。女性のズボン姿は日常ですが、男性のスカートへの容認度は厳しいのが現状だと思います。多目的（だれでも）トイレも必要ですが、完全個室のトイレ（家庭のトイレのような完全個室）がもっとも望ましいです。性別欄など性別を問うことを可能な限りなくす（高校入試書類の性別欄削除の広がり等）、学校現場で「性別を問う」ことへの見直しに取り組んでほしいです。

5．学校の担任、家族などに最低、これだけはわかっておいてほしいことがあるでしょうか

Aさん

同性同士が付き合う、結婚して家庭を築くことが幸せの一つの形としてあることを知ってほしかったです。

Bさん

他の人たちと同じです。特別でも以下でもないということ。

Cさん

当事者は真剣に悩んでいます。中途半端な気持ちではないです。このことをしっかり認識してほしいです。周りの人たちの言動に、時として過剰な反応をすることがありますが、それほど自分のことを周りがどう思っているか、どのように見られているかと、気になっているのです。

6．自分の性的違和に気づいた学齢期の子どもたちにアドバイスがあればお願いします

Aさん

性別違和や性的指向など自分の「性」について悩んだり考えたりしても、「ひとりじゃない」ことを知ってくれたら僕は嬉しいです。和歌山でも自分の「性」に向き合って生きることはできます。「男らしさ」や「女らしさ」ではない「自分らしさ」を磨いていってくださいね！

Bさん

「自分らしく」生きてください。あなたは「唯一無二の存在」です。

Cさん

「諦めない、自分らしく生きることに諦めない」「自分らしく生きることを貫き通すために、たゆまぬ努力をする」。ただひたすら性別移行、性別適合のための努力ばかりではなくて、それ以上に、あなたの日常にとって「今しなければいけないこと」をしっかりとすること、その積み重ねによって、周りの人たちにあなた自身を認めさせることになるのです。「正しい知識と情報」を身につける、いわゆる理論武装をする、どのような言いがかりや攻撃を受けても、それを撃破する力をつけてください。

まとめ

チーム紀伊水道メンバーからの回答より、性別の違和感に気づきはじめたのは幼少期の頃からであること、にもかかわらず情報が少ないこと、周囲、社会にそれを理解し受け止める環境が整っていないこと、制服やトイレ、性別記入欄など日常生活の中での障壁も多いことなどが語られました。学齢期に、性の多様性に関連する知識を入手し、偏見のない環境を整備することが早急に求められます。初等・中等教育の中で、自己理解・他者理解の促進、マイノリティを認める学校風土の成熟などが問われています。残念ながら当事者は、義務教育終了後に、自力で自分らしさの確認と自尊心を獲得していることもわかりました。大人になり、自分の力でいろんな人たちとの出会いで「自分らしく生きる」ことを見つけ、家族や社会にカミングアウトできたのです。

当事者Bさんの言葉「他の人たちと同じです。特別でも以下でもないということ」の重みが迫ります。マイノリティが「This Is Me」[※3]と誇りをもって自己自認するためには、そのままの自分を認めてくれる仲間を得る重要さ、特別な存在ではなく「ひと」として認め合い大切にする人権尊重の姿勢を正したいと思います。

※1 FTM（female to male）とは、生物学的には女性だが自認する性は男性である者（チーム紀伊水道発行「セクシュアルマイノリティきそきそテキスト」p.18より）。
※2 MTF（male to female）とは、生物学的には男性だが自認する性は女性である者（出典同上）。
※3 「This Is Me」は、映画「グレイテスト・ショーマン」でキアラ・セトルが歌う楽曲。

■チーム紀伊水道の活動内容
Webサイト制作・運営・管理／相談業務／定期的な交流会開催（和歌山・橋本・田辺）／各種イベント開催／他団体のイベント参加／講師派遣・研修・勉強会開催
ホームページ：http://kii.coron.jp　問い合わせ先：kii.suidoh@gmail.com

コラム⑩
住みよい街と、住民参加の街——性的マイノリティの視点から——

　銀聲舎では、これまでLGBTをテーマとしたブックレットを複数制作しました。その中で和歌山にお住まいの方を含む多くの当事者よりいろんな聞き取りを行ってきましたが、とても印象的だったのは、和歌山は比較的住みよい街であるということです。和歌山県人の多くは自身を否定的に語る傾向がありますが、都会と自然がバランスよく配置され、不動産も安く、日常生活に支障をきたさない程度にいろんな施設が集積されている南国・和歌山の魅力はけっして小さなものではありません。また和歌山では、当事者たちによる交流活動も比較的盛んで、私たちの目に映るのは、主に「LGBT」という4文字を冠した啓発活動ですが、スポーツ活動や食事会のような、ちょっとした催しも頻繁に開催されていて、当事者の多くは和歌山での生活を楽しんでいる印象があります。

　ただ、喜んでばかりもいられません。ブックレット制作に際していろんなテーマで話し合ったのですが、その中で際立っていたのは住民参加に対する関心の低さでした。その背景には、地域社会に生きる私たちと当事者との相互交流がほとんど進んでいないという事実があると認識しています。近年の人権教育によってあからさまな差別的言動は減ってきてはいますが、LGBTのことを「いるかどうかわからない存在」として認識されている方も多いのです。これには、当事者が種々の事情から自身の性的指向を明らかにしないことも背景にあるため、にわとりと卵どちらが先かというようなことでもあるのですが、こうしたあいまいな認識によって、じつは非常にもったいないことが起こっています。

　現状において、当事者が地域社会に対して何らかのかたちでコミットするということは、時に自身の性的指向をさらし日常生活に支障をきたすリスクにつながりかねないため、結局、行動の軸足を地域ではなく外の世界へと移していく傾向があります。端的にいうと、街づくり活動よりも観光旅行を選ぶわけですが、台湾やタイなどはLGBT向けツーリズムに注力していて、リピーターとして取り込むことで、自国のGDPや生活水準の向上に一定のインパクトを与えています。

　その一方で、「いるかどうかわからない存在」から一歩先に踏み出せない地域社会。当事者もまた地域社会への住民参加に一歩先に踏み出すことができず、こういった膠着した状態によって、地域社会が本来得られるであろうパフォーマンスをむざむざ逸しているという現状があると認識しています。

（銀聲舎代表：松尾　寛）

7-6 すべてのセクシュアリティが安心できる場所を目指して

オールセクシャリティのためのセルフヘルプグループ ココニハ　井上真希

はじめに

「ココニハ」は、性暴力の被害を受けた人の自助グループとして平成28年から活動を始めました。主に月1回、当事者が集まり茶話会を開いています。その他、茶話会に来られない方への個別相談やメール相談、性暴力被害や性に関する正しい認識を広めるための講演会などを行ってきました。

当事者発信の支援グループの立ち上げ

グループ設立のきっかけは、メンバーから打ち明けられた小学校高学年から長期にわたる親族からの性的虐待についての語りでした。何をされているのか、どうすれば逃げられるのか、母親や他の大人にも言えず、離れた後もフラッシュバックや人間不信に苦しんだこと、カウンセリングで自分と向き合い、自身がカウンセラーとなり、被害者を支えると同時に、性暴力被害者のための居場所をつくりたいと思っていると聞き、共感しました。

私自身も痴漢被害にあい、恐怖感を抱えつつも「痴漢なんてたいてい誰でも経験している、たいしたことじゃない」と言われたことで、他人には話せなくなっていたからです。また、警察に届けましたが検挙されず、今でも背後から誰かが近づくと怖くて身体がこわばることなど、心の奥に蓋をしていた思いを伝えました。

彼女はバイセクシュアルであり、性的少数者の支援活動も行う中で被害を受けるのは女性だけではないことを実感していました。しかし和歌山にはそうした性暴力被害者のためのグループはなかったため、平成25年に開設された性暴力救援センター和歌山や県外の性暴力被害者支援講座などを受講し、ココニハの活動をつくってきました。

相談活動から見える二次被害

ココニハには、さまざまな性暴力の被害者からのコンタクトがあります。レイプ、強制わいせつ、恋人、夫婦間のセックスの強要、職場のセクハラ、高齢者も過去の被害経験を語られます。性にまつわるすべての傷つきは「性暴力」だととらえ、同じ立場の仲間として話を聴きます。被害の状況はそれぞれ違っても、共通して見えるのは「言えなかった（言ってはいけないことだ）」という思いです。被害を打ち明けても「いつまでもクヨクヨせずに」「被害のことは忘れて前向きに」と言われ、話せなくなった被害者も多くいます。

被害者は、たとえ事件化していても周囲には知られないように普通に生活しようとして、余計に苦しくなり、人と会うのがしんどくなることもあります。外出中、急に被害状況が頭に浮かび、再演されたかのような感覚に陥り、頭が真っ白になるなどのPTSDの

症状に苦しみます。そして被害者の多くは「被害のことは誰にも話せない」「いつまでも被害のことをひきずっている自分はだめだ」と本当の気持ちを出せなくなっていきます。

あなたは悪くない

　私たちも被害当事者であること、被害者の反応はごく当たり前で、「被害にあったことは無理に忘れようとしなくていい」「話したくなったら何度でも話していい」「被害について話したくないときは無理に話さなくていい」と伝えます。被害者には「ココニハにつながろうと決心してくれてありがとう」「（たとえどんな状況であっても）加害をしたほうが悪い。あなたは悪くないんだよ」と必ず伝えます。被害者は、強姦神話といわれる偏見に傷つき、自分ではどうすることもできなかった被害により、自己肯定感や自己決定する力を奪われている人も多く、自ら自助グループにコンタクトをとろうとしてくれた、その勇気に感謝し寄り添うことを心がけています。

　いまだ強姦神話により再び傷つきを経験している人の多さに胸が痛みます。「派手な服装だったから」「嫌なら抵抗して逃げたはずだ」「ついて行ったことに落ち度がある」など、性暴力への間違った認識が社会に蔓延しています。ジェンダーバイアスも強く関わりがあると考えています。社会における男女の役割への固定的な観念や差別的な考えが、性的な偏見にも大きく影響しており、加害者側にはそうした偏見がある傾向も多く、加害行為が支配欲を満たすものであったり、同意があったと主張したりする要因の一つともいえます。加えて、男性や性的少数者への性暴力もこうしたジェンダーバイアスの影響を受けていると考えます。

まとめ

　平成29年6月、刑法改正により「女性」と定義されていた強姦罪の被害者が女性以外も対象となりました。また、附帯決議の一つに「被害者となり得る男性や性的マイノリティに対して偏見に基づく不当な取扱いをしないことを、関係機関等に対する研修等を通じて徹底させるよう努めること」との配慮が盛り込まれました。しかし男性や性的少数者であるがゆえに、恥意識や「被害にあったことなど、とうてい打ち明けられない」と苦しむ人がいます。ココニハは偏見で傷つく人が増えないように取り組みを続けたいと考えています。

　ジェンダーバイアスをなくし、強姦神話をなくすとともに、性暴力被害は特殊な事件ではなく身近に起こり得ることだと知ってほしいと願います。もし自分や、自分の大切な人が被害にあったらどうしますか？　難しいことではありません、一人で抱え込まず、ココニハをはじめとする相談支援にぜひつながってください。

7-7 ヘルスプロモーションとしての性教育

和歌山県立医科大学保健看護学部　岡本光代

はじめに

　看護学は、新生児期から高齢期まで、あらゆるライフステージにある個人、家族、集団、地域の健康問題への理解と援助、健康の維持・増進を目指し、保健師、助産師、看護師が、医療や公衆衛生等の場において看護活動を行っています。性教育については、保健師や助産師が、思春期保健対策の中で学校と連携して取り組んでいます。

　厚生労働省（2015）は、10代の人工妊娠中絶や性感染症の減少を目標に、思春期の保健対策の強化と健康教育を推進しています。和歌山県（2015）では、保健所を中心に、高等学校を対象に思春期保健対策を実施しています。主な内容は、命の尊さや性感染症等の講座、グループワークを取り入れたピア・エデュケーション（仲間同士による教育）、赤ちゃんとふれあう体験学習等です。また、市町村では、10代の望まない妊娠や性被害を予防するために、小・中学校を対象に、いのちの大切さを伝える健康教育を実施しています。思春期の心と身体の健康講座や胎児モデルを用いた赤ちゃんの発達学習、出産擬似体験、妊婦体験、コンドームワーク等、取り組みはさまざまです。民生児童委員や母子保健推進員、保護者が性教育に参加している地域もあります。

ヘルスプロモーションの観点から性教育を考える

　日本財団の18歳意識調査（2018）によると、セックス経験者は23.3％で、そのうち初体験が16歳未満の者は26.7％です。また、学校での性教育が役に立たなかった者は40.9％であり、日本の性教育の見直しの必要性が浮き彫りになっています。

　本来、保健師や助産師が行う健康教育は、疾病を予防することだけでなく、より健康で豊かな生活を送れるようにすること、つまり生活の質（Quality of Life：QOL）の向上を目指しています。性教育においても、子どものQOLの視点から取り組む必要があります。また、岩室（2008）は、性教育において、性情報や誘惑を消し去ることではなく、子どもたちがさまざまな性情報や誘惑を受け止めつつ、自分の力で前に歩いていけるように支援することが必要だと言っています。つまり、性教育の目標は、豊かに生きることであり、子どもが主体となって性と向き合うことができる環境を整備すること、すなわち、ヘルスプロモーションの視点が性教育には重要です。

乳幼児期から性を育む

　性教育は、乳児期から始まっています。授乳や離乳食と同じように、スキンシップのような心地よい経験が、「快―不快」の感覚を育て、自分や他人を大切にする心のもとに

なる、「愛着」が深まります。2～3歳になると、「どうして男の子にはおちんちんがあるの？」と質問したり、自分の性器を触ったりします。性への関心は、成長の証ですから、けっして否定せず、叱らず、隠さず、さわやかに対応することが重要です。子どもに「どうしてだと思う？」と逆質問すると、子どもとの対話が深まります。パートナーと性に対する考え方や方針を共有しておくことも必要です。3歳からの性教育絵本『なぜなのママ？』(1988) では、赤ちゃんのもとになる精子と卵子を説明し、「せいしは、おとうさんのおちんちんからおかあさんのおなかのなかにおくりこまれる」と、受精の仕組みを包み隠さず、さわやかに伝えています。幼児期後半になると、子どもの自己主張と自制心を育てることが大切です。自己主張については、いったん肯定し受け止めたあとで、家庭のルールに沿って、がまんさせたり、気持ちを切り替えさせたりします。これが、「性」を自分で調整することにつながります。

　和歌山県北部の紀美野町は、25年前から年長児への性教育に取り組んでいます。保健師と保育士らによる手作りの健康教育（6ちゃんくらぶ）で、絵本や人体模型、胎児人形、エプロンシアター等を使って、男女の違いや生命の誕生を、幼児にわかりやすく伝えています。性の知識が身につくだけでなく、家族に大切に育てられてきたことを実感し、自分や他人を大切にする心が育ちます。保護者も参観できるため、家庭において性について話すきっかけとなり、子どもの性に大きな影響を与えています。

まとめ

　性教育は、どのように生きていくかという、人生最大の問いに一人ひとりが向き合えるよう支援することです。ですから、性教育の対象はすべての人々です。乳幼児期から成人期、高齢期を見据えて、体系的かつ、家庭、学校、地域が一体となって、性教育に取り組む地域づくりが今後の課題です。子どもに性情報をどう伝えるかという議論も大切ですが、子どもの性と生に真剣に向き合う大人の姿勢が求められています。

《引用文献》
岩室紳也．(2008)．思春期の性──いま、何を、どう伝えるか──．大修館書店．
北沢杏子．(1988)．なぜなのママ？──3歳からの性教育絵本──．アーニ出版．
厚生労働省．(2015)．健やか親子21（第2次）．http://sukoyaka21.jp/．2019/3/1．
日本財団．(2018)．18歳意識調査「第6回―セックス―」調査報告書．https://www.nippon-foundation.or.jp/app/uploads/2019/01/new_pr_20181218_02.pdf．
和歌山県．(2015)．紀州っ子健やかプラン．学童期・思春期から成人期に向けた保健対策，pp. 49-50．

コラム⑪
公衆衛生の立場から

　和歌山県健康推進課では、地域保健活動の一環として、公衆衛生の向上のため、性に関連して主に以下の二つの取り組みを行っています。

　第一の予防的な取り組みは、男女が互いの性を尊重する意識づくりや健康づくり、適切な性教育の推進を目指した高校生等を対象とする思春期保健対策事業です。これには三つの学習メニューがあります。平成14年から実施している①「思春期ピア・エデュケーション事業」は、主に高校2年生を対象とした県立保健所による授業で、和歌山県が独自に作成した「知ってほしい思春期のこと」をテキストとしています。事業開始当時の背景として中・高生の性交経験率が増加傾向にあったことから、HIVなど感染症、妊娠、出産に関連した正しい知識の普及と、性感染症や予期せぬ妊娠を予防する目的で2時限枠（約1時間半）の授業（講義とグループディスカッション）を行っています（平成30年度、6校、7回開催。参加者は265人）。また、県立保健所と各市町村が協力分担する②「思春期講座」も昭和63（1988）年から継続しています。命の尊さや妊娠の成り立ち、性感染症などを学習しています（平成30年度、16校、28回開催。参加者1260人）。さらに③「乳幼児健診体験学習」では、4か月健診時等の赤ちゃんを抱っこする体験とともに性教育を学ぶプログラムとなっています。中学生を対象に市町村での実施が中心となっていますが、一部保健所でも継続しています（平成30年度、2回、参加者22人）。これら三つの性教育の学習後、学生からは「知らなかったことを学べた」「ディスカッションで自分ごととして考えられるようになった」と感想が寄せられ、性について理解を促す貴重な機会となっています。

　第二の取り組みである性感染症に関連した和歌山県の対策として、①普及啓発・教育活動と、②検査・相談体制があります。和歌山県内では平成29年末時点で累計122人のHIV感染者・AIDS患者がおり、新規に感染が発見される人も年に数名います。①に関連しては、世界エイズデーでの街頭啓発活動に加え、若者の新たな感染の予防と、性感染症に関する偏見を避け正しい知識を得る教育の機会を親しみやすいものとするため、和歌山大学の大学祭にブースを出展し、事前学習として和歌山大学の学生等を対象にエイズ入門講座を開催しています。②に関連しては、保健所での検査・相談に加え、大学祭当日の個別相談（仕切り・BGMでプライバシー保護）、無料血液検査（結果は即日判明）、各機関の協力によるスタンプラリーなど、気軽に正しい理解を促進する活動をしています。さらにエイズ夜間電話相談も開設しており、医療、行政サービスについては個別の支援も行われています。（和歌山県健康推進課）

7-8 性に関する認知の歪み・感情コントロールの支援

甲子園大学心理学部　浦田　洋

はじめに

　矯正施設では、性的問題の加害者に対する教育が行われています。とくに性的問題行動に至る過程においては、自分自身にさまざまな認知の歪みが生じていることを教え気づかせることで、それを正すよう動機を整えます。また、性的問題行動と関係する感情が高ぶったときの緊急的対処法を事前に教えることで、実際の性衝動が生じたとき行動を抑止させるよう事前に心理教育で準備しておきます。

性に関する自分自身の考え方の偏り（認知の歪み）についての学習

　加害者の矯正過程では、性に関するものの見方・考え方の偏り（認知の歪み）を例示し、自分自身にそのような思考のパターンの特徴がないかを吟味します。望ましくない性的問題行動に至る過程を、本人と細かく省察することが、再犯予防の第一歩になります。そのために、本人が自分自身の性に関する認知の歪みが生じていることへの気づきを促します。

　以下に、性に関する認知の歪みを例示します。

　白黒思考：ものごとを「良いか悪いか」というようにどちらか一方に決めてしまおうとする考え方です。これに陥ると白か黒かといった両極端なところに注目し、その間にあることが理解できないため、いろいろな場面で極端な対応をしてしまい、事態がうまく進まなくなります。例／女性は、みな自分の敵か、味方である。

　べき思考：当然～すべきである、～ねばならないといった考え方で、十分な根拠がないまま自分の意見や考え方にこだわることです。例／女性は男性の言うことに全面的に従うべきだ。性的に興奮したときにマスターベーションをするのは、避けなければならない。

　過度の一般化：自分の少ない経験の中で得た考え方を、TPO（時・場所・場合）が違っていても当てはめようとします。例／夜遅くまでコンビニの前で男子とたむろしている女子はみんな、男子からの性的な誘いをすぐに受け入れる。

　合理化：自分の考え方や行動などを、自分が傷つかないよう、自分に都合のいいように理由づけをして自分に言って聞かせます。例／スマホで盗撮したのは、そもそも、短いスカートをはいていた女の子が悪い。

　否認：事実であることを認めない、事実全部を否認する場合と、動機など一部を否認する場合があります。例／そんなこと全然やっていません。相手が傷ついたのはカッとなって殴ったからではなく、たまたま振り払った手が当たったからです。

　深読み：相手の気持ちや考えを確かめないまま、自分で勝手に思い込み決めつけること

です。例／彼が急に優しくなったのは，何か下心があるからに違いない。

　先読み：これから先のことについて、根拠もないまま悲観的な展開になることばかりを予想することです。例／どうせこれをやってもうまくいかないに違いない。

　感情の正当化：自分がもっている感情が生じた原因を他の人のせいにすることです。例／君がそんなことをしたから、今日は朝から気分が悪いんだ。

　自意識過剰：他人の仕草や言動が、つねに自分に向けられたものだと思い込むことです。例／彼女は自分のほうによく顔を向けるのは，自分に気があるからだろう。

　【演習】例のほかに性的問題行動につながりそうな認知の偏りとして、どのようなものがあるかを考えてみましょう。

感情をコントロールするための対処スキル

　感情が高ぶったときには、衝動にまかせることは危険です。緊急的対処法を学ぶことで問題となる性化行動を抑止することができます。日頃からそのいくつかの方法を自分の対処スキルとして使えるように練習しておくと、より効果的です。

　自分自身の観察：衝動や感情が高ぶったときの自分の考え、身体の状態、行動を冷静になって正確にとらえることです。そして、以前同じような状態のときにどのようにしてうまく対応したか、成功例を思い出させ、それを実行させることです。

　リラクゼーション：筋肉を身体の上から下に向けて、または身体の末端から中心に向けて、緊張させたり緩めさせたりすることを何度か繰り返します。

　呼吸法：ゆっくり深く息を吸い、いったん止めてから、ゆっくりと吐き出すという動作を繰り返します。

　【演習】自分の対処法を他の人と共有し、自分がこれまでやったことのない他の人のやり方で自分もできそうなものを見つけ出しましょう。

まとめ

　性的に望ましくない問題行動に至ってしまった原因には、認知の歪みがあります。その歪みを是正することは、再び人を傷つけないために何としても必要なことです。しかし自分一人で認知の歪みを直すことは困難です。自分が長年思い込んでしまった間違った思考パターンをもっていることに気づき、それが自分も相手も傷つける行動につながる危険な思考であることを、繰り返し感情に働きかけながら学ぶ必要があります。個別に、またグループで学ぶこともあります。そして万が一感情的になってしまった場合に備えて、感情を制御することに成功したときの自分なりの対処スキルをもっておくことは、その人の強みになります。自尊心や自己肯定感こそが、人を望ましい行動に導く、大きな原動力であると信じます。

7-9 性被害にあったとき――弁護士の視点から――

きのくに法律事務所　伊藤あすみ

はじめに

　性被害にあったとき、自分に関する問題なのにどうなっているのかわからない、自分の気持ちが置き去りにされていると感じることがあるかもしれません。また、被害を受けて心や身体を傷つけられたとき、相手に対して、その損害の賠償を求めたい場合もあると思います。そもそも、どんなことが犯罪となったり、してはいけないこととされているのかがわからず、知らないうちに被害にあっていることがあるかもしれません。自分が当事者になったとき、必要な支援を利用したり、適切な人からの手助けを受けられるように、どんな法律や制度があるのかを知っておくことは大切です。

性犯罪などの例

　法律や条例などで取り締まられているいわゆる犯罪として、強制性交等（暴行や脅迫をして無理やりセックスをする）、強制わいせつ（暴行や脅迫をしてわいせつな行為をする）、準強制性交等・準強制わいせつ（お酒や薬などで意識がはっきりしない状態を利用したり、抵抗できない状態にさせてセックスやわいせつな行為をする）、児童買春（お金を払うなどして、18歳未満の子どもとセックスなどをする）、児童ポルノ（18歳未満の子どもの性的な映像を提供したり所持したりなどする）、ストーカー（つきまとい、待ち伏せ、監視していると告げる、連続した電話・FAX・メール・SNSの書き込みなどをする）などさまざまなものがあります。

　その他、セクシャルハラスメントやDV（配偶者などからの身体的・精神的・性的・経済的などのあらゆる形の暴力）、デートDV（恋人からの暴力）なども問題となることが多く、行為の内容によっては犯罪になる場合もあります。また、犯罪にあたらなくても、民事上の責任を問い、損害賠償（慰謝料や治療費など）を求めることができる場合もあります。自分でするのは怖かったり、難しかったりすると思いますが、弁護士が代理人として、相手と交渉をしたり、裁判を起こしたりすることができます。

　なお、犯罪を訴える場合には、時効という制度があり、一定期間を過ぎると受け付けてもらえなくなる場合があるので注意が必要です[※1]。

刑事手続

（1）捜査

　性犯罪の被害にあった場合、被害届を出したり、告訴をすることができます。

　被害届の提出や告訴が受理されると、警察での捜査が開始され、被害者からの事情聴取

や証拠物の採取、加害者の取り調べ、実況見分等が行われます。必要な捜査が終わると、検察官が起訴をして裁判にするかどうかを決めることになります。

　被害者は、被害者連絡制度の利用により、捜査状況、加害者の情報（氏名、年齢など）、処分結果などを教えてもらうことができます。加害者が不起訴処分となり、裁判にしてもらえなかった場合、検察官にその理由の説明を求めることができます。

(2) 裁判

　検察官が起訴をすると、どのような犯罪事実が認められるか、どのような刑罰が相当かを裁判で決めていくことになります。裁判では、被害者に関するものとして次のような制度が用意されています。

・被害者特定事項の非公開制度
　裁判のときに、被害者の名前や住所などを秘密にすることができます。

・証人尋問のときの被害者保護のための制度
　事件の状況によっては被害者が裁判のときに証言をすることが必要な場合があります（いつも必要ということではありません）。裁判所で証言をするときには、被害者を保護し、負担を軽減するため、付添人（第三者の付き添いを認めること）、遮蔽措置（ついたてをして、加害者や傍聴人から見えないようにすること）、ビデオリンク（映像を通じて法廷以外の場所で証言をすること）などさまざまな制度があります。

・意見陳述
　被害に関する気持ちや意見を裁判で話したり、書面で提出することができます。

・被害者参加
　強制性交等、強制わいせつなどの被害者は、裁判に参加し、加害者や証人に質問をしたり、犯罪に対する自分の意見を話すことができます。資力が一定以下の場合には、国の費用で弁護士に依頼することもできます。

まとめ

　「法律」や「裁判」といったものは、普段身近に感じるものではないと思います。「弁護士」という人も、知り合いにでもいないかぎり、気軽に相談できるような存在でないことが多いでしょう。しかし、ここで紹介したように、自分に起こったできごとに関して、当事者として、情報を得たり、手続きに参加したり、相手に対して請求をしていくことができる、それは当事者の権利です。犯罪にならないかもしれない、何も求められないかもしれないなどと考えて思いとどまる必要はありません。わからないな、聞いてみようかな、と思ったとき、ぜひ相談をしてみてください。

※1　たとえば、強制性交等は10年、強制わいせつは7年、強制性交等や強制わいせつにより被害者が怪我をした場合は15年、被害者が亡くなった場合は30年です。

コラム⑫
性被害防止のための警察の取り組み

　日本においては、児童ポルノの検挙件数（平成12年：170件、平成29年：2413件）、被害児童数（平成12年：123人、平成29年：1216人）が最多を更新しつづけている危機的な状態にあり、コミュニティサイト（SNS）利用に起因して児童買春等の性被害にあう子ども（平成29年の1216人中、高校生39.2％、中学生36.3％、小学生18.7％、未就学児3.0％）が増加しています。被害様態の特徴としては自撮り被害（騙されたり脅かされたりして自分の裸体を撮影させられメールで送らされる被害形態）が42.4％と最多です。

　そこで平成29年4月には、犯罪対策閣僚会議で「児童の性的搾取等に係る対策の基本計画」（子供の性被害防止プラン）が決定され、児童買春、児童ポルノの製造等の子どもの性被害を撲滅するため、関係府庁の官民連携による取り組みが積極的に推進されるようになりました。その中では、啓発ポスター（子どもへの性被害、ネット犯罪）、自撮り被害実態についてのマンガ、小学生や中高生向けの相談窓口の紹介など多様な対策が講じられています。

　和歌山県警察本部においても、平成29年7月よりSSS（スリーエス：Stop child Sexual Suffering）子どもの性被害防止対策に取り組んでいます。その活動の大きな柱として①啓発活動、②相談活動があります。

　①の啓発活動では、和歌山県下の中学1年生全員に、入学した春に「サポートカード」を配布します。名刺サイズのカードで、警察マスコット「きしゅうくん」が大きく描かれ、「あなたをいじめや犯罪の被害などから守り立ち直りをサポートします。ひとりで悩まず相談してね」と、ヤングテレホン・いじめ110番の電話番号とメールアドレスが掲載されています。また要請のあった小・中・高等学校で「子どもの性被害防止の出前授業」「防犯教室」を実施します。そこでは、和歌山県下の警察署（14署）が独自の工夫を凝らし、地域や学校の実情に合わせた授業を行っています。

　②相談活動では、「＃9110」という全国統一の相談電話番号が用意されています。また「110」番通報で被害発生時のSOSを受け付けます。警察は相談や被害届の受理があってから初めて捜査を行うことになります。とくに性的被害の場合、警察への相談には勇気が必要です。本人の意思と発言を警察は尊重します。勇気を出して伝えることは、犯人が野放しにされ、二次、三次被害を出さないことにもつながります。被害防止を願う一方で、本人が通告を望まず人知れず苦しんでいる犯罪被害者のケアについても気にかけています。その面では、警察以外の専門機関との連携（性暴力救援センター和歌山、女性相談所等）も非常に大切な支援機関であり、連携が必要であると考えます。

（和歌山県警察）

《参考文献》
警察庁ホームページ．子供の性被害対策．https://www.npa.go.jp/policy_area/no_cp.html．

7-10 予期せぬ妊娠・出産を減らすために

医療法人稲祥会稲田クリニック　松岡俊英

はじめに

　命は、貴重な授かりものです。しかし和歌山県下でも、10代の予期せぬ妊娠による妊娠中絶が、報告されているだけでも毎年100件ほどあります。主体的に妊娠をコントロールするには、どのような方法があるのでしょうか。産婦人科医として、避妊についての正しい方法を以下に述べます。

正しい避妊の方法

　避妊方法として一般的には、ピルの服用とコンドーム使用の二つがあります。
　ピルは女性が服用することで女性ホルモンを調整し、排卵を抑え、子宮内膜を妊娠しにくい状態にする避妊薬です。ピルは正しく使えば他の避妊法に比べ高い避妊効果があり、女性が自分自身でしっかり妊娠をコントロールし、主体的にできる避妊法といえます。
　一方、コンドームは男性が装着して、精液を膣の中に出さないことで避妊する方法です。性器接触前から装着しないと、きちんとした避妊や性感染予防の効果が得られません。「膣内で射精しなければ妊娠しない」「コンドームを途中から使用していれば妊娠しない」「ピルを服用しているから妊娠しない」「生理中のセックスでは妊娠しない」というのは誤った知識であることも知っておきましょう。
　実際に、コンドームを確実に使ったときでも失敗率は2％、普通に使用していると失敗率は15％といわれています。
　以下に、各種避妊法の避妊効果の比較（Trussell, 2004；100人の女性が使用開始1年間で何人妊娠するか＝パール指数）を掲載します。

```
避妊しなかった場合          ………85人
コンドーム                  ………2〜15人
ピル                        ………0.3〜8人
不妊手術（男性）            ………0.1人
不妊手術（女性）            ………0.5人
リズム法（排卵日を避ける）  ………1〜25人
殺精子剤                    ………6〜26人
子宮内避妊システム（IUSミレーナ）………0.1〜0.2人
子宮内避妊用具：IUD（銅付加タイプIUD；ノバTなど）………0.6〜2人
```

妊娠の可能性を疑ったときの対処法

　「コンドームが破れた」「中出しをされた」など避妊に失敗してしまったとき、予期せぬ妊娠を避けるために、緊急避妊薬（アフターピル）があることも知っておく必要があります。アフターピルは中絶法ではないため、すでに妊娠している場合は効果がありません。しかし、性交渉後72時間以内に薬を飲むことで排卵と着床を抑えることができるとされています。薬を飲むタイミングが早ければ早いほど避妊効果が高くなるため、できるだけ早く薬を飲む必要があります。入手にあたっては、未成年でも保護者の同意書や同伴は必要ありません。

　避妊目的のピルは、自費診療となるため高価だと感じるかもしれません。しかし、人工妊娠中絶に比べれば、費用も身体や心への負担も圧倒的に少ないといえます。

　一般に、妊娠した可能性があっても周囲に相談できず、産婦人科を受診することは難しいと考えられます。そのため受診時には、妊娠週数が進んでいることが多くなります。「性交から2週間で市販の妊娠検査薬を実施する」「妊娠検査薬で妊娠とわかった時点で、少なくとも妊娠2か月であり、考える時間はわずか1か月強しか残されていない」ということは、ぜひ知っておいてもらいたい知識です。

　学生の場合、予期しない妊娠に直面した際に、産婦人科を受診しにくい理由として「親に知られたら困る」「学校に知られたら困る」「費用が心配」という声をよく聞きます。しかし、本人の了解なく保護者や学校からの問い合わせに対して情報を伝えることはない、ということを知っておけば、産婦人科受診への敷居が下がるはずです。

まとめ

　避妊の方法、妊娠の可能性を疑った場合の正しい対処法の知識をもつことで、自分自身の身体や精神的な健康の増進につながり、命を大切に守ることができます。このような知識をもつことで、産婦人科受診の敷居が低くなることを望みます。とくに学生が妊娠の可能性を疑ったとき、ネットの知識を鵜呑みにするのではなく、信頼できる大人（学校内の養護教諭など）に相談できることが大切になります。一人で悩みを抱えたまま、不安な生活を送ることがないよう、心から願っています。

《引用文献》

Trussell, J. (2004). Contraceptive efficacy. In Hatcher, R.A., Trussell, J., Nelson, A.L., Cates, W., Kowal, D., & Policar, M. (eds.), *Contraceptive Technology, Eighteenth Revised Edition*, pp. 773-845. Ardentmedia.

7-11 性感染症に関連した最近の動向

医療法人稲祥会稲田クリニック　松岡俊英

はじめに

　性感染症（STD：Sexually Transmitted Disease）は、セックスをはじめとする性行為などによって感染する病気のことです。「コンドームを着用する」という基本的な知識があれば、STDの感染はかなりの確率で防ぐことができます。STDの対処法として大切なことは予防することと、なるべく早く治療することです。治療が遅れれば症状が悪化し、後遺症が残ることもあります。

性器クラミジア感染症

　STDのうちもっとも多いのがクラミジア感染症です。平成29年で2万4825人と報告されています。2番目に多い性器ヘルペス感染症が平成29年で9308人となっていますので、いかにクラミジア感染症が多いかがわかります。男性の場合は尿道炎を発症して気づかれやすいのですが、女性の場合、気づかずに腹腔内に広がり、将来的に不妊の原因となることがあります。

平成22年以降急増している梅毒患者数

　ほとんどのSTDの報告数が横ばい傾向にある中で、この10年間で急激に梅毒の報告数が増加しています。梅毒の大部分は菌を排出する感染者との粘膜接触をともなう性行為

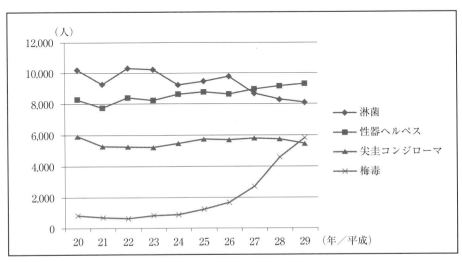

図7-1　性感染症数の推移
出典：厚生労働省（2019）

によって感染します。感染後10日〜3か月に感染を起こした部位にしこりや潰瘍ができます。1か月ほどで自然に軽快しますが、菌は体内で徐々に増えつづけます。数か月後には身体のあらゆる場所にピンクの発疹（バラ疹）やこぶなどができてきます。心臓、血管、脳などの複数の臓器に病変が生じ、場合によっては死亡することもあります。妊娠中であれば胎盤を通じて胎児に感染し、死産、早産、新生児死亡、奇形が起こることがあります。

　STDはそのほかにもAIDS、淋病、尖圭コンジローマ、トリコモナス、B型肝炎、C型肝炎、ヒトパピローマウイルスなどがあります。

　STDはパートナーも同時に治療しないとお互いにうつしあう「ピンポン感染」となります。いずれにしても早期発見、早期治療が重要です。

まとめ

　性感染症の中には、自覚症状が出ず、発見が遅れるものもあります。コンドームの使用は感染の確立を下げることはできますが、絶対的に安全な方法であるとは言いきれません。

　そこで、性に関して複数のパートナーがいる場合や、何か不安がある場合には、医療への受診がもっとも望ましいのですが、世界エイズデー（12月1日）に合わせたイベントなどでは、プライバシーに配慮された無料診断などの機会もあるので、それらを活用するなど、自らの身体的な健康のうち、性感染症についても関心を高めることが大切です。

《引用文献》
厚生労働省．(2019)．性感染症報告数．https://www.mhlw.go.jp/topics/2005/04/tp0411-1.html．

7-12 性加害者支援の注意点

甲子園大学心理学部　浦田　洋

はじめに

　性加害者を支援することにより、指導者（支援者）にはどのような心的負担がかかり得るかを認識しておく必要があります。その際にどのような点が特殊かを、事前に把握しておく必要があります。

加害者支援の特殊性を認識する

　①支援対象が加害者であること、②加害者の中でも性加害者であること、加えてグループワークを支援する場合、グループワークが指導者に与える影響も考えなければいけません。これらの負担から受ける影響として、仕事に対する意欲に与える負担、感情面に与える負担、ものの見方に与える負担、などがあります。

　意欲に与える負担としてもっとも有名なものに、バーンアウト（燃え尽き）があります。これは人と関わる仕事（ヒューマンサービス）に携わっている人が感じる負担として典型的なもので、簡単にいえば何もやる気がなくなることです。

　感情面に与える負担としては共感疲労がありますが、これは広い意味で感情鈍麻といってもいいでしょう。支援をする過程で、あまりに強い感情体験を積むと、多少の強い刺激に反応しなくなることを指します。

　ものの見方に与える負担としては「認知の歪み」があります。これは、被支援者独特のものの見方にさらされる過程で、支援者自身も、それまでとはものの見方が変わることを指します。

　また、支援する場所も支援者の負担の大きさに影響します。すなわち、被支援者が受刑者や非行少年である場合は、その支援の多くは、刑務所や少年院といった、いわゆる塀の中で行われるので、支援が終わっても、被支援者がすぐに支援者につきまとうことがありません。ところが、社会内での支援であれば、支援者は、被支援者によるつきまといといった危険につねにさらされていることになり、上記のような負担は大きくなります。

　支援者の性別によっても負担の大きさや質が異なります。性的問題をもつ人の多くは男性ですので、そのような男性を女性が支援すると、転移といわれる、被支援者が支援者に恋愛感情をいだいたり、反対に憎悪の念をもつことが予想されます。そのことにより、支援者は逆転移といわれる状態になるため、精神的に揺さぶられ、被支援者に対する特別な感情をもつことになり、それに対処することが女性独特の負担になります。

負担を感じた際の対処のあり方

　まず、支援者には上記のような負担がかかることを事前に予測して、心理教育を行うことが大切です。つまり、いま自分が抱えている負担は、自分自身に問題があるのではなく、こうした支援を行っているからなのだと認識する必要があります。

　次に、同じような支援をしている人同士で話し合うことも肝要です。いま自分が抱えている負担は自分独自のものではなく、同じような立場の人たちが共通に感じていることなのだと認識することで、肩の荷が下りるものです。また、それぞれが独自にもっているセルフケアの方法を開示することで、これまで自分一人では気づかなかった新たなセルフケアの方法を見つけられるかもしれません。

　さらに、支援者の上司の役割も重要です。支援者が支援に行き詰まった際に的確に助言するとか、支援者の提言を正面から聞き入れて適宜実現する上司の存在は、支援者の負担を確実に減らします。

　支援者が負担を感じやすい瞬間として、加害者が再犯・再非行を起こしたときがあります。支援者の責任感が強ければ強いほど、このような事態でその原因を過度に自分に帰属させがちなので、そのような際には、再犯・再非行の背景には多様な要因があるので、自分一人でその責任を感じる必要がないことを上司や同僚が伝えること、さらにいうと、それができる上司や同僚が支援者のまわりにいることが必要になります。

　さらに、ポジティブ心理学に基づく、いわゆる長所基盤（Strengths-based）、性犯罪者処遇の領域では良き人生のモデル（Good Lives Model）の観点から、加害者といっても四六時中加害をしているわけではないことも心に留めておくべきです。一日のある部分は、また、長期的に見ると人生のある時期は、社会になんとか適応していた人がほとんどです。とかくネガティブな側面にばかり関心が向きやすい加害者ですが、ポジティブな面にも注目することによって、その人たちへの見方が変わります。その人のもつよい「資源」を伸ばしていけば変わる、これからは性加害をしないかもしれない、という期待を支援者ももつことができ、少し元気が出てきます。

　ただしそれを行うためには、ほかならぬ支援者自身が健康であることが必要です。まず支援者自身が、心身ともに健康であることを心がけましょう。具体的な手法としては、性加害者への支援にも用いる呼吸法やリラクゼーションを自らやってみることが有効なので、支援者はさまざまな技法を習得してみることにしましょう。

まとめ

　性加害者への支援の特殊性を理解するとともに、支援がうまくいかなかったとき一人で悩み込まず、周囲に助けを求め、上司の理解を得るように心がけましょう。支援の特殊性を認識し、その影響を事前に予測しておくことと、同僚、上司によるケアが必要です。

7-13 愛着障害と性に関わる行動の問題

和歌山大学教育学部　米澤好史

愛着障害とは？

　愛着障害への支援に携わる立場から、愛着障害の行動の問題として現れやすい性的な行動の問題について取り上げます。愛着障害とは特定の人との情緒的なこころの絆が形成されていない関係性障害であり、最近とくに増えてきています。米澤（2018；2019）は、この愛着障害を恐怖や不安などのネガティブな感情が生じたときに守ってくれる安全基地、落ち着く、楽しくなるなどのポジティブな感情を生じさせる安心基地、一人で行動したことを報告することによってポジティブな感情を増やしネガティブな感情を減らす働きをする探索基地が形成されていない問題としてとらえ、愛着修復、支援の方法を開発、提案してきました。

性的な問題の背景にある愛着障害的な傾向

　愛着障害の特徴的行動（米澤，2015；2018；2019 参照）にはムラのある多動（いつも多動である ADHD〈注意欠如・多動症〉と間違われやすい）、モノを触り、口にモノや指を入れることで安心感を求めるという特徴があります。そうした多動やモノとの関係、口の問題の行動が出ないかわりに、相補行動として、性的な問題を抱えるという特徴が見られることが多いのです。それは、愛着障害の特徴として、愛情欲求行動という特徴があるのですが、相手に注目されたいアピール行動として現れ、人を試す行動もあり、そのような欲求を認めても、どこまでも欲求がエスカレートする愛情欲求エスカレート現象が特徴です。人に対する欲求行動、安心感への切望が性的な問題として現れやすいのです。

　性的行為は、不安の対処行動としても、落ち着きやすくする効果があるため生じやすくなります。また、性行為は刹那的な快楽感をともないますが、愛着障害の感情特性として、刹那的な快感を好み、持続的な感情の維持が困難である特徴と合致しやすいため、性行為に走りやすいのです。そして、母親や父親の性的行為を目撃し、ストレス対処のモデル学習として性的行為に及んでしまうケースも多くあります。さらに愛着形成の問題から、親から性的な虐待を受けた場合、性的な行為をしやすくなるという特徴もあります。これは性的覚醒も早くなるためですが、身体的虐待やネグレクトがあると、安全・安心基地と錯覚して異性に頼ってしまうことで、性的被害者になりやすくなります。父親等の暴力的な行為を目撃していると、それをモデル学習してしまい、性暴力につながることも多いのです。藤田・米澤（2009）では、親や家族に対する否定的感情が性的対象としての交友関係を幅広くもちたくなる気持ちを増幅させ、結果、デート DV の加害者、被害者になりやすいことも指摘しました。相手に対して性的な強要をしたり、その被害を受けやすいのです。

脱抑制型愛着障害における性的な問題

　ADHD や ASD（自閉スペクトラム症）などの発達障害、知的障害のような発達的脆弱性と愛着の問題をあわせもつ場合、性的問題を起こしやすくなります。ただし、その性的な問題に見えるものの中には、本人に性的意図がないにもかかわらず、異性に身体接触することによってそう受け取られる場合もあります。これは性化行動と呼ぶべきものです。小さいこどもの場合には、性器いじりという行動に現れますが、この行動に性的意味はなく、触ることによる安心感とネガティブな感情のまぎらわせ行動、プライベートゾーンを触ることで注目されるためアピール行動として強化されるものです。

　そもそも、人に触るという行動は、脱抑制型愛着障害（DSM-5 では脱抑制対人交流障害〈DSED〉という診断名）に見られる特徴です。抑制型愛着障害（DSM-5 では反応性愛着障害〈RAD〉という診断名）では、安全基地の問題から、人を警戒し、人との接触を忌避するのに対して、脱抑制型愛着障害では、安心基地の問題から、誰に対しても無警戒でなれなれしく接触すると説明できると提唱してきました（米澤, 2018；2019）。ですから、脱抑制型愛着障害では、その特徴から、出会ういろいろな人から性的な被害を受けやすくなります。本人が身体接触したくて異性に近づくことが、相手の性的暴力や性的強要を引き起こす誘因になってしまうからです。

愛着障害における性的な問題への支援

　愛着障害の特徴として、その不適切な行動を注意・制止・禁止すると感情的な反発を生み、攻撃的な反応を返すことに留意した対応が必要となります。よかれと思って注意したことが逆効果となります。そして、愛着の問題が性的な問題に現れている場合、単にそれを他の代替行動に移す支援、自分を大切にするように気づかせる心理教育プログラムや SST 支援は効果がありません。根本である愛着の再形成や修復なしには支援ができないのです。脱抑制タイプの身体接触からくる性的被害を防ぐ場合も同様です。誰がその子の安全・安心・探索基地であるキーパーソンになるか、そこから支援が始まるのです。詳細は米澤（2015；2018；2019）を参照してください。

《引用文献》
藤田絵理子・米澤好史.（2009）. デート DV に影響を及ぼす諸要因の分析と DV 被害者認識の明確化による支援の試み. 和歌山大学教育学部教育実践総合センター紀要, *19*, 9-18.
米澤好史.（2015）. 発達障害・愛着障害　現場で正しくこどもを理解し、こどもに合った支援をする「愛情の器」モデルに基づく愛着修復プログラム. 福村出版.
米澤好史.（2018）. やさしくわかる！　愛着障害――理解を深め、支援の基本を押さえる――. ほんの森出版.
米澤好史（編著）.（2019）. 愛着関係の発達の理論と支援. 金子書房.

ミニ総括⑦

　本章の中で、小山と長内は、「日常会話の中で、性の話題は避けられることも多いですが、青年期の成長を支えるうえでは、性の話題を暗黙の了解にせず、安心して気軽に相談できる場・サポーターが必要となります。気軽に語ることのできる関係性の中で、性に関しても成長と自立を辛抱強く見守る環境を整備したいものです」と述べています。支援に関わるすべての人がこの言葉を胸に刻んでほしいと思います。

　青年期は「自分とは何か」「自分とはこの世界でどのような場所を占めるのか」といったテーマに向き合いながら、アイデンティティを形成する時期です。この時期には、他者との愛が育まれ、この愛に条件がそろえば「家族」が形成されることになります。しかしながら、社会への違和感をいだいていたり、社会の多数派とのギャップを感じていたりするひきこもり・不登校傾向のある若者、軽度発達障害のある若者、性的マイノリティなどの若者たちにとって、この時期を生き抜くことの大変さはいかばかりでしょうか。社会の同調圧力にくじけることなく、若者一人ひとりのこころに思いをはせながら、その言葉を傾聴する姿勢が大人である私たちに求められているのでしょう。

（山本　朗）

第3部
支援実践事例

　第3部では、各年齢区分（MINE期、疾風怒濤期、多様な青年期）における支援事例をまとめました。基本的に支援開始年齢により分類しましたが、支援が長期にわたる事例については、支援に大きな展開があった年齢区分に分類しているものもあります。類似した事例への支援にエッセンスとなる情報があればお役立てください。
　また、性教育ワーキンググループの研究会の集まりで実際に行われた架空事例検討（多職種の専門家が参加した架空ケース検討）を掲載しました。
　この検討会は、架空事例を、多職種の支援者で話し合うことで「支援の柔軟性を産み出す」ことにつながるのではないかという仮説に基づくものです。
　支援の道筋の結論までが出ているわけではありません。
　ケース検討会については「支援の正解が導き出される会」だとは思わず、「支援のあれこれを模索する仲間同士が鼓舞される会」と考えます。
　支援事例やケース検討から、自分一人でケースを抱え込まない、支援の輪を広げ、支援者同士の信頼関係を築きながら、（たとえ支援が長期間にわたっても）子どもを支える覚悟が折れないよう、支援者を支える仕組みの充実を願わずにはいられません。

事例－1

MINE期①
乳房へのタッチングがある男児

〈支援時に伝えたい性に関する知識〉
◎タッチングを容認しない
◎タッチング以外のコミュニケーション手段を繰り返し練習する

小学校特別支援学級1年生男児
知的障害（療育手帳B2）
家庭状況：両親、本児の3人世帯
支援期間：小学校1年生春～冬
支援のキーパーソン：担任（特別支援学級、通常学級）、巡回相談の先生、母親

支援に至るまでの経緯

表出語彙は少ないが誰とでも関わる活発な子どもである。小学校入学当初より通常学級の担任の乳房へのタッチングがたびたび見られた。担任は本児の幼さが理由であるとして気にしなかったが、タッチング対象が増え、周囲の子どもたちが騒ぎたてる反応を楽しんでいるため、対応を真剣に考えるようになった。

支援の内容

支援学級担任が巡回相談の先生に相談すると、「本児の行動の意味を探るには、タッチングの前後に本児と大人がとった行動を記録するように」とのアドバイスがあった。記録すると行動出現に一定のパターンが観察された。休憩か個別学習の時間、一人でいるとき、手が止まったときに、近づくとほぼ毎回タッチングがあり、教員の反応を楽しんでいることがわかった。

巡回相談の先生に再度相談したところ、以下のアドバイスを受けた。タッチングに性化行動としての意味が含まれている可能性は低い。一人でいるときは「かまってほしい」、学習時間には「課題ができないよ」「かまってほしい」の意味がある。周囲の反応を楽しんでいる可能性（注目要求）があるため、タッチングを受けたときは、どの人も共通して毅然とした態度で「ダメ」と伝え、けっして笑みを浮かべてはならない。タッチングがコミュニケーション手段として使われ、対象が広がっている。そのため、意思表出の方法を教え、タッチングに代わる言語的なコミュニケーションを繰り返し練習させ、社会的に許容される欲求充足の健全な代替手段を教える必要がある。

このアドバイスをもとに家庭と学校で共通の対応に取り組んだ結果、タッチングは激減し、言語表出をともなう関わりが活発になった。

（西原　弘）

事例-2

MINE期②
性器いじりがある男児

〈支援時に伝えたい性に関する知識〉
◎幼児期のマスターベーションへの理解
◎ソーシャルスキルを意識した性教育（人前での性器いじりへの対応）

特別支援学校小学部1年生男児
知的障害をともなう自閉スペクトラム症（療育手帳B1）
家庭状況：両親、本児、弟の4人世帯
支援期間：小学校1年生春～秋
支援のキーパーソン：担任、養護教諭、母親

支援に至るまでの経緯

自分の世界があり、一方的な会話が多いが、言われことはおおよそ理解している。電車が大好きだが、遊びが長続きせず、寝転んで片手で指を吸いながら、もう一方の手はパンツの中に入っている姿が頻繁に見られた。

支援の内容

担任はこの状態について、家庭と学校が連携協力できるように相談を開始した。母親からの情報によると、前年に弟が生まれた頃からパンツの中に手を入れるようになり、マスターベーションは親としてショックで家庭では厳しく叱っている。担任は、幼児期の性器いじりに性的な意味がほぼないこと、環境に慣れないストレスからくるものかもしれないため、家庭では厳しく叱らず見守るよう依頼した。養護教諭より、学校や家庭で一人遊びがうまくできない、余暇の過ごし方も見直す必要があるとアドバイスを受けた。担任は、本児と段ボール箱に絵を描いて電車を製作し、電車ごっこ遊びができるようにした。友だちと駅名看板を作り廊下や教室の入り口に貼ることで遊びも広がった。同時に、学校でパンツに手を入れ、性器いじりすることはほぼなくなっていた。

夏休みには、家庭で一緒に遊ぶ際に両手を使った遊びのレパートリーを増やし、簡単な電車のペーパークラフト作りに挑戦してみることを提案した。思春期のマスターベーションのマナーとして、家族に見られないようにする、前後に手を洗う、ティッシュを捨てるなどの方法を教えられるよう父親に備えさせた。母親の叱責という緊張した態度が和らぎ、学校と家庭で共通した余暇の過ごし方の工夫により、パンツの中に手を入れることはなくなり、親子で安心した夏休みを過ごすことができた。

（西原　弘）

事例−3

MINE期③
母親のパートナーから性的被害を受けた女児

〈支援時に伝えたい性に関する知識〉
◎あなたの身体はあなたのもの
◎あなたの気持ちもあなたのもの（嫌なときは拒否をしてもよい）

小学校3年生女児
家庭状況：精神疾患を抱え不安定な母と母のパートナーと同居
支援期間：小学校3年生から中学校2年生
支援のキーパーソン：施設職員

支援に至るまでの経緯

小学校入学頃から、他児への過度な接近、男性教諭への過剰な甘え、身体的接触などを認めていた。小学校3年時、母親のパートナーから「好きだと言われて、口や胸にキスされた」という本人からの申告があり、性的虐待事案として対応にあたった。

支援の内容

当初は解離やファンタジーへの没頭が強く、現実的な被害についてのやりとりは困難であったため、まずは施設に入所し、安全に安定して日常生活を送れるように支援した。少しずつ詳細な聴き取りと確認を行ったところ、母親のパートナーから、身体を触られるなどの性被害に繰り返しあっていたことがわかった。

また、保清や身辺処理なども十分に獲得できておらず、年齢の割に無分別に人に接近しすぎる傾向を認め、大人の援助を受けて身につけるべき年齢相応の身辺自立や社会性の獲得が不十分であることがわかった。

他の生活体験と同様に入浴の仕方や身づくろいをていねいに教えながら、性器の正確な名称や、他の人には見せたり触らせたりしてはいけないこと、「あなたの身体はあなたのもの」であることを繰り返し伝えた。

また、日常生活の中で、具体的なエピソードに沿って、人が嫌がることをしてはいけない、自分が嫌なことをされたら拒否しなければいけない、「あなたの気持ちもあなたのもの（嫌なときは拒否をしてもよい）」であることを伝えるようにした。

（松岡　円）

事例 – 4

MINE 期④
年少児童に性的加害を行った男児

〈支援時に伝えたい性に関連する知識〉
◎相手が嫌がることをしてはいけない
◎あなたが体験したことは性衝動に基づく行動である

小学校 6 年生男児
家庭状況：父、母、姉、本児の 4 人世帯
支援期間：小学校 6 年生から中学校 1 年生
支援のキーパーソン：児童心理司、母親、弁護士

支援に至るまでの経緯

幼児期から明らかな発達の問題を指摘されたことはなく、母親も気になったことはなかった。学力も比較的高く、スポーツもよくできたが、小学校 5 年生頃スマートフォンを買い与えて以後、自室にこもりがちとなっていた。家族には反発することが多く、家族も本人の興味や生活状況についてよく把握できていなかった。

支援の内容

小学校 6 年時、成人向け動画を見たことを契機に、年少女児を自宅に呼んで暴行しようとしたことで警察沙汰となり、対応が開始された。知的には標準の力があるものの、自他の感情をイメージしたり、言語化することが難しく、同じ反省の言葉を繰り返すのみで、被害者の感情や、なぜ悪いのかを振り返ることができなかった。

家族、弁護士に本人の特性を説明し、理解を求めたうえで、「気持ち」をやりとりする練習をし、相手に「怖い」「嫌な」思いをさせてしまったことを理解する必要があることを伝えた。

また、自分の欲求や衝動についても内省し言語化することが難しかったため、児童心理司から本児の性的発育状況や性体験について確認したうえで、本児の感じていた欲求は性衝動によるもの、「あなたが体験したことは性衝動に基づく行動である」であり、「相手が嫌がることをしてはいけない」、相手を傷つけないようにコントロールしなければならないことをできるだけ具体的に伝えるようにした。

（松岡　円）

事例−5

MINE期⑤
下着盗を繰り返した発達障害男児

〈支援時に伝えたい性に関する知識〉
◎性的興味・関心があるのは当たり前
◎相手が嫌がることをしてはいけない、自分が嫌なことをされてはいけない

小学校6年生男児
家庭状況：両親、本児、弟の4人世帯
支援期間：小学校4年生から高校3年生
支援のキーパーソン：母親、児童心理司

支援に至るまでの経緯

　幼少時より言葉や発達の遅れを指摘されていた。家族の希望で、小学校は普通学級に所属していたが、友だちとはなじみにくく、孤立しがちであった。4年時から発達相談で対応を開始。本児は自分の気持ちや状況を説明することが不得手で、困っていることを伝えたり、援助を求めることも難しく、父母に求められるままに学習には必死に取り組んでいた。

支援の内容

　小学校6年時、自宅から大量の女性用下着が見つかり、下着盗をしていたことが発覚した。父母に叱責され、本児は萎縮した様子であったため、児童心理司が本児と信頼関係を築くように努めた。本児には、「性的な興味・関心があるのは当たり前である」ことを繰り返し伝え、安心して相談し、自己開示できる場を提供するように心掛けた。徐々に打ち解けてくると、小学校低学年時からいじめにあっており、ズボンやパンツを下ろされるなど性的な被害もあったこと、女性用下着を繰り返し盗んでは自室で着用して安心感を得ていたことが明らかとなった。本児が一人で困難を抱えてきており、安心感を得るために女性用下着に執着していた様子がうかがえた。

　母親に本児の困難さを伝え、支持的に関わってもらえるように母親を支援すると同時に、本児には自分の安心を得るために他人を巻き込んではいけないこと、「相手が嫌がることをしてはいけない、自分が嫌なことをされてはいけない」ことを伝え、女性用下着は盗まずに購入する、自室でのみ着用するように指導した。

（松岡　円）

事例-6

疾風怒濤期①
異性との交際にあこがれSNS返信要求にこだわる男子

〈支援時に伝えたい性に関する知識〉
◎男女交際のあり方──相手を思いやる気持ちから恋愛は始まる（対話の視覚化）
◎ソーシャルスキルを意識した性教育（男女交際のマナー、SNSの使い方・共感的対話）

中学校2年生男子、通常学級在籍
自閉スペクトラム症（精神障害者保健福祉手帳3級）
家庭状況：両親、本人、妹の4人世帯
支援期間：中学校2年生から3年生
支援のキーパーソン：担任、父親、母親

支援に至るまでの経緯

　知的な遅れはない。対人面での課題が大きく自分の要求を相手に押し通そうとしてこだわる。男女交際に強い興味をもつ。「物静かで一人で過ごす子」で、同級生との交流はほぼ見られなかった。文化祭のポスター作りで本人が得意なアニメキャラクターを描いたことで、同じキャラクターが好きな女子生徒と仲良しになる。さっそくSNSアカウントを交換し交流することになったが、一方的なSNSへの書き込みをやめられずエスカレートし、相手にも同じことを要求し困惑させた。

支援の内容

　担任が家庭と連絡をとると、「彼女ができた」と一人盛り上がっている様子に母親は心配になっていた。担任も成長を認めつつ、異性との関わり方についてじっくり話す必要があり、学校と家庭とで話す内容を統一することを提案した。とくに、こだわりが強かったSNSの使い方（既読・返信のスピードと好意の有無は関係ない。ハートマークは単に嬉しい気持ちを表す記号などの理解）、自分が好きでも相手が同じとは限らないこと、「相手を好きになる」とは「相手への思いやり」をもつことであることについて、共感的に対話を重ねた。家庭では両親が、本人の気持ちを十分に受け止めながら、両親の恋愛と交際に至った経緯を時系列に書いて視覚化し、父と母ではお互いを好きになる時期が違ったことを図示して恋愛感情の個別性を教えた。またSNSマナーとして「夜9時に『お休みなさい』と送ったあとは、着信音を鳴らさない優しさをもっていることがカッコいい」と話した。本人と父親は恋愛作戦会議を継続し、家庭内でのやりとりを担任に報告している。そのことにより、相手に対する自分のこだわりの押しつけは減少している。

（西原　弘）

事例−7

疾風怒濤期②
居宅侵入で女児下着を大量に盗みつづけた男子

〈支援時に伝えたい性に関する知識〉
◎性的なメッセージと愛着障がい的な問題行動の違いをアセスメントする
◎愛着形成の再構築により歪んだ愛着行動を抑止する

中学校2年生男子、通常学級在籍、知的な遅れはない
家庭状況：母、本人、妹の3人世帯だが施設入所中
支援期間：小学校5年生から中学校3年生
支援のキーパーソン：施設職員、施設心理士

支援に至るまでの経緯

　小学校5年生で施設入所。幼少期に両親の離婚、実母によるネグレクト、実父からの身体的・心理的虐待があり、祖父母宅や里親宅等、養育環境が安定しなかった。小学校4年生頃から暴力行為、万引きが顕在化し、施設入所後も万引きや女児への嫌がらせがある中、施設内の女子居宅から盗んだ大量の女児下着がクローゼットの奥から発見された。日常的な女児への攻撃・拒否的言動と、女児下着を盗む行為はアンバランスに見えたが、他児の安全確保のため児童相談所での一時保護を実施した。解除後施設に戻り、約1年間にわたる個別日課支援を開始した。

支援の内容

　思春期に芽生えはじめた性的関心による問題行動というより、生育歴から、安心感を得るための愛着行動が混在した事例であると見立てた。幼少期に適切な養育を受けられなかった子どもは、思春期に差しかかる頃、退行した愛着関係を示すことがある。母への愛情希求や性的関心の抑圧、女児への過剰な攻撃的態度から、抑圧してきた欲求を表出しないための反動形成のように感じられた。そこで、集団生活から分離し個別日課を実施することで、健康的な大人との適切な関係を築きなおし、損なわれた心的発達を補償し、誤学習してきた行動を修正することに取り組んだ。約1年後、穏やかな生活や対人関係により笑顔が増え、女児や女子職員に対しても攻撃や緊張感なく接することができるようになった。このようにして情緒的欲求へのていねいな応答体験を重ね、阻害されてきた心的発達課題の獲得に取り組むことができた。このことから、性的問題への支援の手立てとして、表面に現れた性的問題に囚われてアプローチするだけでは不十分であり、とくに心的発達の未熟さが考えられる場合には、情緒的な愛着形成の回復を目指すアプローチが重要な役割を果たすと思われる。

（土井裕正）

事例-8

多様な青年期①
SNS上の性的メッセージへの危機認識が少ない女子

〈支援時に伝えたい性に関する知識〉
◎境界線の理解・SNSでの性的誘いの危険
◎ライフスキルとしての性教育（大人の女性として必要な性知識）

> 高校1年生女子、普通高校
> ADHD、自閉スペクトラム症（手帳なし・福祉サービス用受給者証あり）
> 家庭状況：両親、本人、姉の4人世帯
> 支援期間：中学校2年生～高校1年生
> 支援のキーパーソン：母親、児童デイサービス支援者（臨床心理士）

支援に至るまでの経緯

スマートフォンを所持したことをきっかけに、SNS上で会話をすることにのめり込んでいった。憧れていた投稿者から「顔写真が見たい」と要求され、「マスクで顔を隠していれば大丈夫と他の子に聞いた」と、マスク姿の写真を送った。相手の要求は次第にエスカレートし「裸の写真が見たい」と求められたが、「かわいい」「好き」とほめられる嬉しさが強く、裸の写真を撮影し送信した。自室で裸になって撮影をしている場に母親が遭遇し、事態が発覚した。

支援の内容

母親が介入することで相手とは連絡を絶つことができたが、本人の危機意識は低く、SNS上で別の異性とのやりとりは継続しており、母親が心配し、相談へとつながった。

相談では「女子力Upキャンペーン」と題し、パーソナルスペース、プライベートゾーンの知識、身だしなみ・服装の選択の意味、性的な誘いのサイン、インターネット上のやりとりで気をつけておきたい事項等をテーマに、数回に分けてSSTを行った。家庭では母親から、「大人の女性に必要な知識」として、避妊の重要性、避妊具の使用方法を伝えたうえで、以前の出来事の危険性を振り返りながら、SNSで知り合った人と安易に連絡先の交換や写真の送信をしないことを再度確認した。

学校で好きな人ができ、恋愛関係に発展していったときには本人の恋愛観を否定せず、家族、支援者間でも明るく恋愛の近況報告ができる雰囲気づくりを心掛けた。その後、本人から「彼氏にこんなこと言われたんだけど、どう思う？　危ない？」ともちかけてくるなど、困ったときは周囲に相談しながら、恋愛関係を維持しようとする姿が見られるようになった。

（小山秀之・長内綾子）

事例-9

多様な青年期②
女性への恐怖感・嫌悪感が強い男子

〈支援時に伝えたい性に関する知識〉
◎サポーティブな関係性における性的嫌悪感の受容
◎仮想と現実の女性観のズレ、メディアの女性像への心理教育

高校2年生男子、通信制高校
自閉スペクトラム症(手帳なし・福祉サービス用受給者証あり)
家庭状況:母、本人の2人世帯
支援期間:中学校3年生から高校2年生
支援のキーパーソン:母親、児童デイサービス支援者(臨床心理士)

支援に至るまでの経緯

小学校高学年からメディア(漫画・アニメ)で見た恋愛行動をモデルとして、異性に対してキザな言葉かけや告白等の行動をしていたため、周囲から「変わり者」と拒否される経験が多く、現実の女性に対する恐怖から二次元のメディアに対する安心感、二次元への現実逃避が強くなり、性的欲求を漫画・アニメを用いて発散していた。「アニメオタク」と言われ、同年代との交流がうまくいかず、「同世代は僕を気持ち悪がるに違いない」「女性は怖い」と、頑なに同世代、とくに女性を拒絶する様子が見受けられ、不登校からひきこもり状態となった。学校での教員からの叱責体験も多かったため、大人に対する不信感が強く、困ったことを大人や支援者に相談する経験が少ない。母親が医療機関に相談したことがきっかけとなり、放課後等デイサービスにて支援を開始した。

支援の内容

本人には結婚願望がないわけではないが、過去の経験から現実的な恋愛関係に対して偏った価値観を抱いていた。当初は、場を共有して本人が自由に過ごす中、時折、担当心理士が本人の世界観に興味をもって接するも、警戒している様子がうかがえた。継続通所により、受容され叱責されない経験を積み重ねた。同時に自分の考えを少しずつ語るようになり、同世代の子どもとの関わりが増え、異性との関わりについて心理士に相談できるようになった。異性に対する考え方がバーチャルの世界に偏っていることは否定せず、段階的に心理教育を実施し、「仮想と現実とのズレ」や「メディアに依存している自分」に気づけるようになった。このことを契機に、在籍校のスクーリング時に、段階的に女性教員や他の生徒と話すことや接することの抵抗感、女性への強い嫌悪感が減少してきている。

(小山秀之・室屋賢士)

事例-10

多様な青年期③
妊娠に気づかなかった女性

〈支援時に伝えたい性に関する知識〉
◎一度のセックスでも妊娠する可能性があり、妊娠できるのは貴重なこと
◎つわり症状が出たときには妊娠3か月であり、中絶は母体への負担がある

20代女性
家庭状況：未婚、両親と同居
支援期間：妊娠発覚時から出産まで
支援のキーパーソン：パートナーの男性（夫）

支援に至るまでの経緯

もともと生理不順であり、生理が3か月から半年に一度しかない。最近胃の調子が悪く、内科で胃薬を処方されて服用しているが改善しない。未婚でセックスはこの半年で一度しかしていない。まさかと思い、市販の妊娠検査薬を使ったところ、陽性が出たため産婦人科を受診した。

診察したところ子宮の中に胎児が見られ、心拍も確認できた。胎児の大きさから妊娠12週（妊娠4か月）であることが判明した。

支援の内容

生理が不規則で回数が少ないということは、妊娠できる機会が少ないということでもある。不妊に悩むカップルが増加している昨今、妊娠できることは貴重であり、次に妊娠したいと希望したときにすぐに妊娠できるわけではない。妊娠したとしても流産する可能性が約10％ある。

妊娠12週以降での人工妊娠中絶は数日の入院が必要であり、死産という形をとる。埋葬するなど事務手続きも複雑になり費用も高額となる。女性への身体的・精神的な負担も大きい。

パートナーの男性は間違いなく特定できた。男性も妊娠には驚いたようだが、妊娠継続を希望して入籍もした。その後、無事に赤ちゃんを産み、夫婦で協力して懸命に子育てをしている。

（松岡俊英）

事例−11

多様な青年期④
性感染症が発見された妊婦の出産

〈支援時に伝えたい性に関する知識〉
◎性感染症（STD）が赤ちゃんに及ぼす悪影響
◎夫婦で同時に STD を治療する必要性

20 代女性
家庭状況：夫、本人
支援期間：妊婦健診から出産まで
支援のキーパーソン：夫

支援に至るまでの経緯

初めての妊娠で、妊婦健診のときにクラミジア検査を行ったところ、とくに症状はなかったが、検査結果が陽性となった。夫も検査をしたところ陽性であった。妊娠後期に外陰部のいぼが大きくなり、尖圭コンジローマと診断され、加えて複数の STD を発症した。

支援の内容

STD は赤ちゃんにさまざまな悪影響を及ぼす可能性がある。

クラミジアは、赤ちゃんに感染すると肺炎や結膜炎を起こすことがあるため、妊娠中に治療が必要となる。そのため、夫婦同時に抗生物質を服用してもらい治療をした。その後、検査を行って2人とも陰性になっていることを確認した。

尖圭コンジローマに関しては、局所麻酔をして外科的にコンジローマを切除することで治療した。ただし、尖圭コンジローマは切除しても再発することがあり、分娩時に産道感染すると赤ちゃんの咽頭にコンジローマのこぶができるため、帝王切開が必要となることもある。

妊婦健診では、そのほかに梅毒、HIV、B 型肝炎、C 型肝炎の検査も行われることが一般的である。妊娠中に STD がないかを検査・治療することで無事に健康な赤ちゃんを出産してもらえることを、家族はもとよりすべての産婦人科医が願っている。　　（松岡俊英）

事例−12　架空ケース検討①　疾風怒濤期

〈架空ケース〉下着盗を繰り返す中学生男子

> 中学2年生男子。ASD（自閉スペクトラム症）の診断。支援学級へ通級している。家族構成は父、母、妹（小学5年）、祖父母。
> 小学4年からいじめを受けて周囲からは孤立。他児からパンツを下ろされたこともある。主訴は、小学4年時から近所の女性の下着を盗る、自宅で女性の下着を着る行動が見られた。近隣住民から学校へ通報があり発覚。家から盗んだ下着が見つかった。

〈ケース検討〉

> メンバー：
> 教諭、スクールカウンセラー、精神科医師、児童福祉施設の臨床心理士

精神科医師：本人の動機は何か確認していく必要がある。代替行動なのか、母へのケア欲求から安心感を求めているのか。欲求階層が未分化の可能性がある。ASDの子どもは性衝動より、興味や孤立感が原因である場合があるため、性的興奮や性体験の有無を確認する必要がある。性的経験の有無によっても支援の方法が異なってくる。大事なのは再犯を予防すること。

施設の臨床心理士：子どもに対して、なぜそのような行動に至ったのか、そのときの気持ちなど直接聴いていくことが大事。周囲が状況を推察したり、聴くことを回避するのではなく、その子どもがうまく説明できない部分があってもストレートに聴いていく。

精神科医師：犯行の回数も重視する。初回か複数回で対応も異なる。善悪の基準がバレるかバレないかになってしまい、「バレなかったら大丈夫」になってしまう。防衛が強いと抑圧する。最初は受容的に受け入れて支援する。保護者から子どもの生育歴を確認していくことも必要。どちらかというと下着窃盗は攻撃的なタイプではない。本人の権利を擁護することで安心感を与える。両親が働いていて本人のことに気づきにくかったりする。家族の障害受容や家族との会話、情緒的交流があるかどうかも確認していく。

施設の臨床心理士：基本的な性知識がなかったり、誤った性知識をもっている子どもも多

い。性的興味や性知識へのアセスメントは必須。子どもの発達特性や生活状況、家庭環境などのアセスメントが非常に重要となるが、どのような生育歴をたどってきているか把握することも重要となる。子どもや家庭に関する包括的なアセスメントを行うことにより、その子どもに合った適切な支援方針を立てることができる。

スクールカウンセラー：性交・妊娠・病気・中絶がつながっていない子どもも見かける。性交が性的な快感をともなうことを知らないまま、性ビジネスや承認欲求から性体験が先になると薬物やタバコのように依存する危険がある。ネットなどの性にまつわる危険性や嗜癖化の教育を受けていない。性教育のあり方について検討する時期にきていると感じる。ネットはわかりやすく、刺激が先になる。病気のことはあとで教えることになる。母への安心感を求める原始的欲求の子と、性的に跳び越えた子の二極化が見られる。

教諭：学校では基本的に「性行為」を教えない。でも現実はアダルトサイトなどを観てセックスの方法は知っていたりする。教師として教科書に書かれていないことを教えにくいところがある。似たようなケースでは、同性、同年代集団の中での居場所がなくて、不適応を起こしていた。これまでの友だち関係やいじめ体験の有無について把握していくことも必要。

スクールカウンセラー：支援機関が指導的枠組みをつくり、家庭および学校が再犯させないようにサポートしていく。再犯を防ぐためにはモニタリングも必要。嗜癖化すると再犯する可能性が高くなるので、友人と登下校させるなど具体的な作戦を立てる。支援者間の性の価値観の共有、統一も必要。支援者間で性に関する考え方が異なるとうまくいきにくい。

教諭：性的な問題が発覚した場合、保護者や教諭のダメージも大きく、一人の支援者あるいは一つの機関だけで担うことは難しい。学校はあわてず、抱え込まない。外部の専門機関につなぎ、総合的な支援を受けられるようにすることが必要。場合によっては警察と連携した法教育を行う。

スクールカウンセラー：子どもや保護者と関係機関をコーディネートする人が必要と感じる。このようなケースの場合は、とくに中心となる支援者や機関がコーディネートし、役割分担を行っていくことが大事となる。各機関での役割分担の確認を行う。

事例−13　架空ケース検討②　多様な青年期

〈架空ケース〉性的問題を示す発達障害のある高校生男子

> 高校1年生男子。ASD（自閉症スペクトラム症）の診断。精神障害者保健福祉手帳。支援学校在籍。女子生徒（トイレ、更衣室）をのぞいて物を隠す。学校で発覚、本人は認めない。医療機関に通院。服薬なし。
> 　家族構成は、父、母、弟（支援学校、ASD）
> 　父は協力的でない、母は困り感をもっている。デイサービスに相談することが多い。以前（中学1年頃より）性的なことで指導あり。相手のズボンを下ろす、女子の身体を触る、障害特性により友だちと一緒に過ごすことが少ない。女装して外出するところを母が見つけた。パソコンの高い技術、ネットからの知識、誤った理解がある。障害の重い女子をねらう。

〈ケース検討〉

> メンバー：
> 教諭、スクールカウンセラー、精神科医師、児童デイ臨床心理士、児童相談所担当ケースワーカー

精神科医師：本人の動機は何か、本人もそれを自覚できているのか、ていねいに聞き取り確認していく必要がある。被害者も出ており、最重要なのは再犯を予防すること。家族から本人への支援は期待できるか。

デイの臨床心理士：家族の中で本人の障害受容に温度差がある。それによって関わりや言葉かけがまったく違い、正直、被害者への思いも父と母では異なる。それで、家庭での支援で本人への支援—反省の持続、不適切な性的欲求や興味をネットで検索に関する指導は期待できない。

児童相談所ケースワーカー：保護者から本人の生育歴とともに父と母の障害受容の温度差の原因を確認していくことも必要。生活リズムの中で本人が家族と過ごす時間、情緒的交流の有無を含む現状の把握、ネット使用のルール、フィルタリングの活用に関して、まず家族に改善する動機があるかも確認していく。

スクールカウンセラー：子どもや家庭に関する包括的なアセスメントを行うことにより、その子どもに合った適切な支援方針を立てることができる。本人の性に関する知識の確認、ネットからの性知識に誤った情報が含まれていることの自覚はどれほどあるのか、本人の人権意識、自分を大切にする、人を大切にする気持ちがどれだけ育っているのかも確認する必要がある。

教諭：学習指導要領では「性行為」を教えないことになっている。しかし、アダルトサイトの情報で危険なセックスを見て、その情報が本物だと信じ込んでしまう生徒もいる。本人は、同性・同年代集団と会話をもてないため、孤立し、ますます作り物の性情報を信じる傾向にある。学校でも参加型の性教育授業を繰り返し行い、同性・同年代の性に関する価値観に触れる機会を増やす指導を行っていく。同時に、本人の行動をさりげなく見守り、話しかける回数を増やすなど、行動観察からのアセスメントも継続する。

精神科医師：本人のASD特性によるこだわりの強さ、欲求報酬から性的な依存症（刺激への嗜癖）のレベルになっていないかについても、家庭と連携しながら情報を集め支援に活かすことが大切。ストレスがあるときの逃避行動と性化行動がセットになっている可能性も高い。性以外の健全な発散方法、リラクゼーションなどを教えることも必要である。また、性に関する課題での成功体験を一つでもさせ、性が幸福感とつながるもの、他者と共感し、人生において幸福を促進するものであるという価値観を伝え、今までの認知を変えていきたい。

児童相談所ケースワーカー：性的な問題が発覚した場合、支援者のダメージも大きいため、抱え込まない。外部の専門機関につなぎ、法教育——人を傷つける犯罪行為であることも教える。児童相談所の面談では自尊心を高めるため、性に関する社会的に望ましい行動を教え、話し合いの中でルールを作成し、家族とともに確認、チェックリストなどで自分の行動を客観視できるようフィードバックしながら継続支援する。

デイの臨床心理士：本人がほっとできる居場所の提供、自分の性化行動で自分も人も傷つけないという成功体験の積み重ね、本音を語っても自分を受け入れ理解してくれる大人が周囲にいること、同年代の仲間との交流の楽しさを感じられるような温かい環境を守っていきたいと思う。同時に保護者にも安心感が必要。これからも支援者間で定期的に情報共有を行い、多角的・継続的な支援をすることが大切。

付 録

ジェントレカード

　ジェントレカードは和歌山大学教育学部の学生と教員がオリジナル制作したコミュニケーション・カードゲームで、正式名称は「ジェンダーセンス・トレーニングカード」です。自分の「性」について気軽に語り、他者の「性」についての考えや思いに耳を傾ける機会を創出し、意識・感覚（センス）の柔軟な子どもたちに、ジェンダーに関連するセンスを磨き育ててもらうことを目的にしました。

　若者の間で、「性」に関して、どんな会話なら受け入れられ抵抗感がないのか、どんなことを知りたいと思っているのかについては、制作に参加した学生からリサーチしました。

　本来「性」の問題はデリケートであることから、まず支援者である大人がゲームを体験し、ご自分の指導や支援の対象者に活かせると実感してから、使用するようにしてください。また、「性」について語り合うためには、子どもたちにとって安心・安全でくつろいだ環境が大切です。親しいグループの安心できる仲間と遊ぶことをお勧めします。

　大人から子どもへ、一方的に性知識を教え込むのではなく、コミュニケーションを通じて、学んでいくためのツールとして利用されることを願っています。

　ぜひ支援者もゲームに参加して、子どもたちと一緒に本音を語り、わいわい楽しんでください。

■ カードの作成法

＊下記の URL をパソコン入力するか、QR コードをスマートフォンなどで読み取って、問題シートと表紙シートをダウンロードします。

＊A4 サイズのシートにカードが 9 枚ずつ並んでいます。ダウンロードシートのモノクロ・縮小版を 157 ～ 160 頁に掲載したので、ご参照ください。

＊少し厚い A4 サイズの紙を用意して、問題シート No ①～③を 1 枚ずつ、表紙シートを 3 枚カラープリントします。

＊プリントしたシートからカードを 1 枚ずつ切り抜いて、問題カードと表紙カードをトランプのように貼り合わせたら完成です。ラミネート加工をすれば耐久性が増します。

《URL》

問題シート：
　https://drive.google.com/file/d/1CcCX39_e3rMRQx_FHX9AuPq06OqO3D8T/view?usp=sharing

表紙シート：
　https://drive.google.com/open?id=1wfsGlWwkgDG4D78002UnOd_1tRtMhZAY

《QR コード》

問題シート： 　　　　表紙シート：

■ 遊び方

＊ジェントレカードはコミュニケーション・カードゲームです。勝ち負けはありません。楽しく話したり聞くことを目的にした遊びです。

＊4 ～ 5 人のグループで、または安心できる人と 2 人で、あるいは 1 人でも（自分だけで考える）遊べます。

＊☆のついたカード（11 枚）は小学生用、☆のついていないカード（16 枚）は中学生以上用です（計 27 枚）。小学生だけで遊ぶときは☆のついたカードを使い、中学生以上のときは☆つきと☆なしを混ぜて遊んでください。

＊問題が見えないように絵を描いた表紙のほうを上にしてカードを重ね、参加者の中央に置きます。

＊じゃんけんで勝った人が上のカードを引いて、問題を声に出して読み、自分で答えを言います。次に右となりの人がカードを引き、同様に問題を読んで答えます。

＊何周かしてカードがなくなったら終わり。途中でしんどくなったら抜けてもいいので、無理をしないで遊びましょう。

＊161 ～ 162 頁に解答例があるので、参考にしてください。

問題 No①

☆	☆	☆
プライベートゾーンって なんのことですか？	さわったり、 さわられたりしては いけないところは どこですか？	すきだったら キスをしてもいいと おもいますか？
☆	☆	☆
赤ちゃんがうまれるのは どうしてですか？	つきあうって どういうことですか？	男の子は 女の子になれますか？ 女の子は 男の子になれますか？ どうやったら なれますか？
☆	☆	☆
男の子っぽい女の子、 女の子っぽい男の子って どうおもいますか？	自分のせいべつで、 よかったなとおもえる ところはどこですか？	じぶんはどこから うまれたのですか？

付録　ジェントレカード

問題 No②

☆ いやなさわられかたを したとき、 おはなしきいて もらえる人はいますか？ それはだれですか？	☆ 男の人が女の人のふくを きたり、女の人が男の人 のふくをきたりするのを どうおもいますか？	性のことって どこから知ることが多い？
セックスの日本語は なんだろう？ 意味を知っている？	性器って何のためにある？	男性と女性以外に どんな恋愛がありますか？
セックスって 気持ち悪いと思う？ 思う人も思わない人も理由を 教えてください。	エッチな本や動画を 見たくなることもあるよ。 見るとどんな気持ちになる？	同性を好きになる人も いるけれど、どう思う？

問題 No③

マスターベーションって何だろう？	妊娠したり、させたりしたらどうしよう？	お付き合いしたら、どんなことがしたいですか？
自分が好きと思ったら、どんどん相手に伝えるタイプですか？それともあきらめますか？	「セックスは結婚するまでしない」という考えもあるけれど、どう思う？賛成や反対の理由も教えてください。	SNSと関係した性の問題のニュースで何か知っていることはありますか？あなたはどのように気をつけていますか？
付き合っている人を束縛したいと思う？束縛されたことはある？デートDVという言葉の意味を知っている？	男女は平等だと思いますか？	自分は機嫌が悪くても、相手と大切な話ができるほど精神的に大人ですか？

カード表紙

【問題の解答例】

　ジェントレカードの目的は、「性」に関するコミュニケーションを活発にすることです。以下の解答は、正解としてではなく、あくまで一例としてご活用ください。

■問題 No ①

☆「プライベートゾーンってなんのことですか？」
　　→水着を着たとき、かくれるところです。
☆「さわったり、さわられたりしてはいけないところはどこですか？」
　　→プライベートゾーンや、自分や相手がいやだと思うところはさわってはいけません。
☆「すきだったらキスをしてもいいとおもいますか？」
　　→自分のすきだという気持ちだけで、キスをしてはいけません。あいての気持ちもききましょう。
☆「赤ちゃんがうまれるのはどうしてですか？」
　　→たまごと命のもとが出会って、特別なたまごになったからです。
☆「つきあうってどういうことですか？」
　　→2人でおでかけしたり、話したりして、特別仲良しになることです。
☆「男の子は女の子になれますか？　女の子は男の子になれますか？　どうやったらなれますか？」
　　→特別な手術を受けるとなれることがあります。
☆「男の子っぽい女の子、女の子っぽい男の子ってどうおもいますか？」
　　→自由にお話ししましょう。人の話をきくのがルールです。
☆「自分のせいべつで、よかったなとおもえるところはどこですか？」
　　→自由にお話ししましょう。人の話をきくのがルールです。
☆「じぶんはどこからうまれたのですか？」
　　→お母さんのおなかから、赤ちゃんの産まれる道を通ってうまれました。

■問題 No ②

☆「いやなさわられかたをしたとき、おはなしをきいてもらえる人はいますか？　それはだれですか？」
　　→安心して話せる大人に相談してください。あなたは悪くありません。話を聞いてもらえる人を決めておくのもよいですね。
☆「男の人が女の人のふくをきたり、女の人が男の人のふくをきたりするのをどうおもいますか？」
　　→自由にお話ししましょう。人の話をきくのがルールです。
「性のことって、どこから知ることが多い？」
　　→フリートーク。人の話をきくのがルールです。
「セックスの日本語はなんだろう？　意味を知っている？」
　　→性行為といいます。子どもを産むために必要な行為です。愛情や親しみを感じる行為でもあります。
「性器って何のためにある？」
　　→子どもを産むために必要な器官です。

「男性と女性以外にどんな恋愛がありますか？」
　　→男同士、女同士、どちらも好きな人、どちらも好きにならない人など、いろんな恋愛があります。
「セックスって気持ち悪いと思う？　思う人も思わない人も理由を教えてください。」
　　→フリートーク。人の話をきくのがルールです。
「エッチな本や動画を見たくなることもあるよ。見るとどんな気持ちになる？」
　　→フリートーク。人の話をきくのがルールです。
「同性を好きになる人もいるけれど、どう思う？」
　　→そういう人もいます。いろいろな人と認め合うことが大切です。

■問題 No ③
「マスターベーションって何だろう？」
　　→フリートーク。人の話をきくのがルールです。
「妊娠したり、させたりしたらどうしよう？」
　　→妊娠した人とさせてしまった人がきちんと話し合う。信頼できる大人に相談して力になってもらおう。
「お付き合いしたら、どんなことがしたいですか？」
　　→フリートーク。人の話をきくのがルールです。
「自分が好きと思ったら、どんどん相手に伝えるタイプですか？　それともあきらめますか？」
　　→フリートーク。人の話をきくのがルールです。
「『セックスは結婚するまでしない』という考えもあるけれど、どう思う？　賛成や反対の理由も教えてください。」
　　→フリートーク。人の話をきくのがルールです。
「SNSと関係した性の問題のニュースで何か知っていることはありますか？　あなたはどのように気をつけていますか？」
　　→知らない人とはつながらない。住所や学校が明らかにならないよう投稿には細心の注意を払う。プライバシーを守る。裸の写真を投稿しない。
「付き合っている人を束縛したいと思う？　束縛されたことはある？　デートDVという言葉の意味を知っている？」
　　→フリートーク。デートDVは付き合っている人が、相手に怖い思いをさせることです。行き過ぎると犯罪になります。
「男女は平等だと思いますか？」
　　→本当は、人はみんな平等です。でも不平等なところはまだまだあります。
「自分は機嫌が悪くても、相手と大切な話ができるほど精神的に大人ですか？」
　　→フリートーク。人の話をきくのがルールです。

　　　　カード制作協力：松永宏介・西出知世・高木一（和歌山大学教育学部66・67期）

あとがき

　和歌山大学教育学部附属特別支援学校で取り上げてきた研究課題――生徒に伝わる性教育、一生涯にわたるプレゼントになるような性に関する知識の重要性を認識することにともない、まず大人である教員が、内容を整理したいと強く願うようになりました。しかしその間にも、生徒たちは性に関わる問題にぶつかっていきます。

　本書は、現場（教育・福祉・医療など）発信の困りごと、教育・指導方法の困難さの共通認識がきっかけになり誕生したといっても過言ではありません。和歌山大学教育学部附属特別支援学校が中心になり、性に関する指導・支援を考える研究グループのメンバー（今回の執筆者協力者）と情報交換や協議を重ねる中、令和元年の現在、各機関で取り組んでいる教育・支援内容を集約しました。これがゴールや正解ではなく、模索する中での途中経過であることを書き添えたいと思います。実際、皆様のご協力ではじめの一歩を踏み出したばかりです。

　生徒を取り囲む生活環境は、デジタル化が進むと同時に、新たな性に関係する問題をうみ出していくため、時代の急速な変化に対応する知識の更新も必要ですが、生物科学的側面からの基礎的な性知識も必要です。現時点での対応策としては、国連の掲げる包括的な性教育の具体的な教育方法について検討が急がれます。和歌山での「性教育ワーキンググループ」として今後も、関連した自主勉強会を地道に継続していく所存です。

　編集にあたり、執筆者の皆様、インタビューにご協力くださった皆様、行政管理職として管轄所内の原稿協力を惜しまず後押ししてくださった皆様に直接または間接的にお会いすることができました。結果として総勢約100名以上の専門家、行政の方々のご協力をいただくことができました。和歌山には「ほっとけやん」と、本気で子どもを守るための教育や支援をされている大人がたくさんおられると実感でき、勇気づけられたことが一番の収穫です。そして各機関が既に熱心な啓発・予防活動を推進されています。今後、情報の周知や連携関係が促進されるなら、さらなる活動の発展性も期待されます。

　完成したこの本こそが「多様性の塊」だと思っています。皆様に活用していただくことで、多様性の質をさらに磨いていただくことが本望です。

　不慣れで試行錯誤の研究活動に関して、ご協力を賜った皆様には感謝しかございません。「無から有」への契機と原動力をくださいました監修者の小野善郎先生の甚大なパワー、辛抱強く激励くださった福村出版の宮下基幸社長、編集担当の小山光様にも、甚だ略儀ではございますが心より御礼申し上げます。

研究グループを代表して　藤田絵理子

【監修者紹介】

小野善郎（おの　よしろう）
和歌山県精神保健福祉センター所長、和歌山県子ども・女性・障害者相談センター子ども診療室長を併任。精神保健指定医、日本精神神経学会専門医、日本児童青年精神医学会認定医、子どものこころ専門医。近著に『思春期を生きる――高校生、迷っていい、悩んでいい、不安でいい』『思春期の育ちと高校教育――なぜみんな高校へ行くんだろう？』『思春期の子どもと親の関係性――愛着が導く子育てのゴール』（いずれも福村出版）など。

【執筆者紹介】　※五十音順。氏名の右は担当記事

安宅満美子　5-1
母乳育児相談マミィサポート代表：助産師

安西美樹　7-5
特定非営利活動法人チーム紀伊水道副理事長

家本めぐみ　5-2
toddle わかやま代表

伊藤あすみ　7-9
きのくに法律事務所：弁護士

井上真希　7-6
オールセクシャリティのためのセルフヘルプグループ　ココニハ代表

今村律子　1-4
和歌山大学教育学部教授／同附属小学校校長

岩﨑　仁　1-2
和歌山大学教育学部附属小学校教諭

岩田智和　6-2
和歌山県立仙渓学園［児童自立支援施設］：公認心理師・臨床心理士

岩谷　潤　4-8
和歌山大学保健センター准教授：精神科医師

上西祐子　7-1
和歌山県スクールカウンセラー

上原一弥　コラム③
和歌山大学教育学部附属中学校教諭・校内教頭

浦田　洋　6-6、7-8、7-12
甲子園大学心理学部教授

岡本光代　7-7
和歌山県立医科大学保健看護学部講師：保健師

長内綾子　7-3、事例-8
特定非営利活動法人 Peer 心理教育サポートネットワーク：臨床心理士

片岡玉恵　コラム⑦
ウィメンズネット・和歌山代表

北岡大輔　3-2
和歌山大学教育学部附属特別支援学校教諭

北山貴敏　5-6
つつじが丘学舎［児童養護施設］児童支援員

倉嶋麻理奈　7-5
特定非営利活動法人チーム紀伊水道理事長

桑木義典　1-5
和歌山市立三田小学校校長

古宮　圭　6-3
たいようこどもクリニック院長：小児科医師

小山秀之　7-2、7-3、事例-8・9
特定非営利活動法人 Peer 心理教育サポートネットワーク代表：臨床心理士／大学非常勤講師

三反田和人　4-3
元和歌山大学教育・地域支援部門客員教授

性暴力救援センター和歌山（わかやま mine）　コラム⑤

高橋孝男　コラム⑥
児童発達支援事業所・ハミング子ども教室室長

田中　存　4-5、5-6
つつじが丘学舎［児童養護施設］児童支援員

津村雅稔　7-5
特定非営利活動法人チーム紀伊水道副理事長

鶴岡尚子　3-1、コラム①
和歌山大学教育学部附属特別支援学校養護教諭

土井裕正　5-5、事例-7
みらい［児童心理治療施設］：臨床心理士

土佐いく子　4-6
和歌山大学教育学部非常勤講師

中井章博　ミニ総括①
和歌山大学教育学部附属小学校副校長

西川順也　6-4
和歌山県子ども・女性・障害者相談センター（中央児童相談所）：臨床心理士

西倉実季　4-4
和歌山大学教育学部准教授

西原　弘　5-4、6-1、事例-1・2・6
和歌山信愛女子短期大学教授

則定百合子　4-9
和歌山大学教育学部准教授

橋本大地　2-1
和歌山大学教育学部附属中学校教諭

花野真弓　2-2
和歌山大学教育学部附属中学校養護教諭

林　修　4-2
和歌山大学教育学部教授

一ツ田啓之　ミニ総括③
和歌山大学教育学部附属特別支援学校養護教諭

福田修武　ミニ総括②
和歌山大学教育学部附属中学校副校長

藤田絵理子　序論、4-5、4-7、ミニ総括④
和歌山大学教育学部特任助教（附属三校担当）：公認心理師

松尾　寛　コラム⑩
銀聲舎代表

松岡俊英　7-10、7-11、事例-10・11
医療法人稲祥会稲田クリニック：産婦人科医師

松岡　円　5-7、事例-3・4・5
和歌山県子ども・女性・障害者相談センター：精神科医師

室屋賢士　7-2、事例-9
特定非営利活動法人Peer心理教育サポートネットワーク：臨床心理士／大学非常勤講師

森　麻友子　4-1
和歌山大学障がい学生支援部門講師

森下順子　5-3
和歌山信愛大学教育学部准教授

森本孝子　1-3
和歌山大学教育学部附属小学校養護教諭

矢出大介　1-1
和歌山大学教育学部附属小学校教諭

矢野　勝　コラム④
和歌山大学教育学部教授／同附属中学校校長

山下眞史　7-4
特定非営利活動法人ネオ 相談室ラルゴ代表

山本　朗　6-5、ミニ総括⑤・⑥・⑦
東大阪市立障害児者支援センター：精神科医師

米澤好史　7-13
和歌山大学教育学部教授

和歌山県警察　コラム⑫

和歌山県健康推進課　コラム⑪

和歌山県子ども・女性・障害者相談センター（女性相談所）　コラム⑨

和歌山県青少年・男女共同参画課　コラム②

和歌山県男女共同参画センター"りぃぶる"　コラム⑧

〔扉挿絵〕
ひろのみずえ

〔カバーイラスト・ジェントレカード表紙デザイン〕
宗田直美（和歌山大学教育学部附属特別支援学校）

児童青年の発達と「性」の問題への理解と支援
——自分らしく生きるために 包括的支援モデルによる性教育の実践

2019年7月30日　初版第1刷発行

監　修　小野善郎

編　著　和歌山大学教育学部附属特別支援学校
　　　　性教育ワーキンググループ（代表　藤田絵理子）

発行者　宮下基幸

発行所　福村出版株式会社
　　　　〒113-0034　東京都文京区湯島 2-14-11
　　　　電話 03（5812）9702　FAX 03（5812）9705
　　　　https://www.fukumura.co.jp

印刷・製本　中央精版印刷株式会社

ISBN978-4-571-12137-1 C3037　Printed in Japan　©Y. Ono 2019
落丁・乱丁本はお取替えいたします
定価はカバーに表示してあります

福村出版 ◆ 好評図書

小野善郎 著
思春期の育ちと高校教育
●なぜみんな高校へ行くんだろう？
◎1,600円　ISBN978-4-571-10182-3　C0037

思春期の子育てに必要不可欠な「居場所」とは何か。情熱に満ちた理論で子どもたちの未来を明るく照らす一冊！

小野善郎 著
思春期を生きる
●高校生, 迷っていい, 悩んでいい, 不安でいい
◎1,600円　ISBN978-4-571-23060-8　C0011

迷い，悩み，不安のたえない思春期をどう乗り切る？　中高生と親たちに贈る，大人への道を進むためのガイド。

小野善郎 著
思春期の子どもと親の関係性
●愛着が導く子育てのゴール
◎1,600円　ISBN978-4-571-24060-7　C0011

友だち関係にのめり込みやすい思春期の子育てにこそ，親への「愛着」が重要であることをやさしく解説。

G. ニューフェルド・G. マテ 著／小野善郎・関 久美子 訳
思春期の親子関係を取り戻す
●子どもの心を引き寄せる「愛着脳」
◎3,000円　ISBN978-4-571-24053-9　C0011

思春期を迎えて不安定な子どもの心が親から離れないようにつなぎ止める力，「愛着」の役割と必要性を説く。

米澤好史 著
発達障害・愛着障害　現場で正しくこどもを理解し，こどもに合った支援をする
「愛情の器」モデルに基づく愛着修復プログラム
◎2,400円　ISBN978-4-571-24057-7　C3011

愛着形成における母親との関係性や臨界期に縛られず愛着修復できる方法を，著者の豊富な実践研究事例で解説。

橋本創一・安永啓司・大伴 潔・小池敏英・伊藤友彦・小金井俊夫 編著
特別支援教育の新しいステージ
5つのI(アイ)で始まる知的障害児教育の実践・研究
●新学習指導要領から読む新たな授業つくり
◎1,800円　ISBN978-4-571-12135-7　C3037

新学習指導要領のポイントをわかりやすく解説し，知的障害児のためのユニークな授業実践33例を紹介。

橋本創一・熊谷 亮・大伴 潔・林 安紀子・菅野 敦 編著
特別支援教育・教育相談・障害者支援のために
ASIST学校適応スキルプロフィール
●適応スキル・支援ニーズのアセスメントと支援目標の立案
◎5,000円　ISBN978-4-571-12123-4　C3037

学校・職場などでの適応状況を可視化するオリジナルの調査法。専門知識は不要ですぐに使える。CD-ROM付。

野村俊明・青木紀久代・堀越 勝 監修／髙田 治・大塚 斉・野村俊明 編
これからの対人援助を考える　くらしの中の心理臨床
⑥少　年　非　行
◎2,000円　ISBN978-4-571-24556-5　C3311

学校は元より相談機関，福祉施設，司法，医療の現場での21事例を通して非行少年を支える心理援助を考える。

日本青年心理学会 企画／大野 久・小塩真司・佐藤有耕・白井利明・平石賢二・溝上慎一・三好昭子・若松養亮 編集
君の悩みに答えよう
●青年心理学者と考える10代・20代のための生きるヒント
◎1,400円　ISBN978-4-571-23057-8　C0011

悩みを抱く青年を応援すべく，心の専門家がQ&A形式で彼らの悩みに答える。進路指導・学生相談にも最適。

◎価格は本体価格です。